最強チームは掛け算でつくる

小宮山悟

KKベストセラーズ

はじめに　～弱いチームにいたからわかること～

私がプロ野球選手を引退したのは２００９年のシーズン後。24歳でプロ入りし、44歳でユニフォームを脱いでからもう６年が経ちました。

春夏の甲子園を見ると、年下の監督が増えたことに気がつきますし、プロ野球でも私より先輩の監督は半分ほどになりました。大学時代の同級生たち、仲間や先輩・後輩の多くがいろいろな企業でマネジメントに携わっています。50歳といえば、組織の真ん中で重要な役割を任される、そういう歳でしょう。

現在私はＮＨＫのメジャーリーグ中継をはじめとして、テレビ、新聞などで野球解説を行っています。ときには、企業に呼んでいただき、社員の方々を前にお話しさせていただくこともあります。

そんなとき、「強いチームとは何だろうか」「最強チームとは何か」とよく考えます。

私は野球を始めてからずっと、チームとして戦ってきました。ピッチャーとバッターが対戦する場面だけを抜き出せば、個人競技と考えられなくもありませんが、ボールを受けてくれるキャッチャーや後ろで守ってくれる野手たちがいなければゲームとして成立しません。

私はこれまでずっと、チームに支えられながら戦ってきました。

私はロッテオリオンズ（現千葉ロッテマリーンズ）、横浜ベイスターズ（現横浜DeNAベイスターズ）、ニューヨーク・メッツでプレーしました。

しかし、ユニフォームを着た19年間のうち、優勝したのは05年の一度だけ（ロッテ球団としては31年ぶりの優勝でした）。そのときに感じたのは喜びではなく、「どうしてこんなにも時間がかかったんだ！」という怒りでした（詳しくは後ほど触れます）。

私のなかにはずっと「こういうチームになれば勝てるのに……」「これができないから負けるのでは……」という仮説がありました。ボビー・バレンタイン監督率いるマリーンズが日本一になったとき、私の仮説は「答え」になりました。

ずっと弱いチームにいたからわかることがあります。

勝てない時代にもがき抜いたから、「強いチームと弱いチームの違い」に気づくことができたのです。

私たちプロ野球選手はチームの優勝のためにプレーしています。いくら自分がいい成績を残しても、優勝できなければ心の底からは喜べません。それは、野球というスポーツが「チームで戦うもの」だからです。

Jリーグの理事としてサッカーの現場にも足を運ぶことが増えました。競技は違っても、共通する部分があります。なかなか解消されない課題も並んでいます。

本書では、私がプロ野球選手として、またメジャーリーガーとして経験したこと、現役引退後に解説者として学んだこと、Jリーグの理事として気づいたこと、大学時代からの友人である清宮克幸監督（ラグビートップリーグ　ヤマハ発動機ジュビロ）のチームづくりを通して教わったことなどを書かせていただきます。

第1章で「最強チームとは何か？」について。

第2章では「弱いチームの共通点」、第3章で「強いチームをつくる前にすること」、第4章で「勝てるリーダーの条件」について触れます。

第5章で、「堕落したチームを強くする方法」について掘り下げていきます。

第6章と第7章では、日本代表と高校野球を例に挙げながら、「勝てるチームのつくり方」について考えます。

第8章で、「最強チームのつくり方」についてまとめます。

私は大学を卒業して以来、ずっと野球の現場で働いてきました。本書に登場するエピソードは私が見たり、聞いたり、体験したことのみです。ほとんどは野球に関することです。しかし、ここで触れたことが読者の方の会社やチームのなかでも役に立つことがあるのではないかと考えています。

仕事も、自分ひとりの力では成り立ちません。

よほどのスーパースターでない限り、自分だけの力でいい結果を残すことはできません。

どんなに強い人間でも、コンディションが悪いとき、モチベーションが落ちるとき、うまくいかないときがあります。誰かに支えられ、誰かを助けながら、みんな戦っているのです。

「最強チーム」は一朝一夕では生まれません。しかし、「つくろう」と思わなければ、正しいつくり方を学ばなければ、いつまで経ってもできないのです。

私が野球を通じて学んだ「最強チームのつくり方」をじっくり読んでください。少しでも読者の役に立つならば、これほどうれしいことはありません。

本文中、同年齢、年下の方には敬称を略させていただきました。ご了承のほどよろしくお願い申し上げます。

２０１６年６月

小宮山　悟

目次

第2章 弱いチームの共通点

第3章
チームづくりの「はじめの一歩」

第4章 勝てるリーダーの条件

監督の力でチームは変わる
東大野球部はこうすれば強くなる！
頭のよさを野球で活かす方法
4年間、野球にすべてをかける覚悟はあるか

第6章 勝てるチームのつくり方
日本代表編

日本代表にふさわしい戦いができたか
代表チームの重みがわかる選手を集める
選手の「いまの能力」を見極めて起用できる人
選手を選ぶ基準を明確に
脇役になってもチームを支えることができる人
戦術と約束事でチームは変わる

第7章 勝てるチームのつくり方 ——高校野球編

目標によってやり方は変わる
優秀な選手を集めてみっちり鍛える
入部前は、チームの実績よりも個人の能力を見る
「耐えがたいことを耐える」ことで強くなる
優れた野球選手には学力も必要
9割はセオリーで残り1割が奇策
「やらなければならないこと」を確実にやる
基本プレーを徹底すれば弱くても勝てる
「この野球部に入ってよかった」と思えれば幸せ
「腕が折れても投げる!」という覚悟はあるか
甲子園があるから日本人は鍛えられる

第1章

最強チームとは、何か?

ホークスに見る強さの秘訣

「最強チームのつくり方」が本書のメインテーマです。

しかし、そもそも「最強とは何か」が非常にあいまいです。10年連続優勝すれば「最強」なのか、ほかのチームにつけた圧倒的な差が「最強」なのか、その瞬間だけどこよりも「最強」だというインパクトを与えたのか。

どれも正解のような気がしますし、どれも間違っているのではないかとも感じてしまいます。

本書では、ほかのチームに圧倒的な差をつけているチームのことを「最強」と定義することにします。

簡単にいえば、ものすごく強いチーム。他者から「絶対にかなわない」と思われる存在のこと。

たまたま幸運に恵まれて頂点にたどりついたチームは「最強」にはなれません。

360度、どこから見ても強くて、ため息が出そうなチームと位置づけましょう。

これまでの歴史をひもとくと、「最強」と呼ばれたチームはたくさんあります。

プロ野球でいえば、１９６５年から73年まで９年連続で日本一になった読売ジャイアンツ、80年代から90年代にかけて黄金時代を築いた西武ライオンズなどが挙げられるでしょう。

最近では、福岡ソフトバンクホークスの強さが際立っています。王貞治監督、秋山幸二監督、工藤公康《きみやす》監督とバトンがつながれ、ずっと強さを維持しています。ホークスがいま、人気実力ともに日本を代表するチームであることに異論を唱える人は少ないでしょう。

会長に王さんがいることが大きい。メジャーリーグでプレーしていた和田毅《つよし》投手が戻ってきたのは王さんのひと言があったから。「この人のために」と思える人物がトップにいることの意味ははかりしれないものがあります。

ホークスの強さの中心に王さんの存在があります。球界はもちろん、世界中のスポーツ界を見渡しても、王さんに代わる人はいません。

２００５年にホークスのソフトバンクによる買収が決まったときから、現在のようなチームづくりを意識していたかというと、おそらくそうではないと思います。ただ、王さんを中心に据《す》えることと世界一を目指すことは決定事項でした。

もともとダイエー時代に監督・球団社長をつとめた根本陸夫《りくお》さん（元広島東洋カープ監督、西武ライオンズ監督、西武管理部長ほか）が土台を築き、そのうえでさまざまな試行錯誤をし、いまの形ができあがったのです。

ドラフトで有望な新人を獲り、トレードやFA制で脂の乗った実力者を補強し、海外から日本向きの外国人選手を連れてくる——手法としては、ホークスだけの特別なものではありません。

しかし、王さんの求心力もあり、「世界一を目指す」という旗を掲げたホークスには、アマチュアやメジャー、他球団から実力のある選手が吸い寄せられ、いまの盤石の戦力が整ったのです。

「気持ちよくプレーさせる」のは監督の仕事

1990年代半ば、ジャイアンツが他球団の四番打者を次々に補強したことがありますが、チームとしては十分に機能しませんでした。「スターを集めれば強いチームができる」ということが幻想であることが証明されてしまいました。チーム競技は本当に難しい。「1＋1＝2」にならないのです。

1シーズンを戦ううちには、故障者が出ることは避けられません。だから、実績のある選手はなるべくたくさん欲しいと監督なら誰もが思うでしょう。しかし、どのチームにもひとりかふたり、「腐ったみかん」になる選手がいます。

ひと癖もふた癖もある選手がベンチにいれば不協和音も起きるもの。思ったように働けない選手が不平不満を吐き出して空気を乱し、チームを壊してしまうことがあります。ホークスの工藤監督は、あり余る戦力をだぶつかせることなく有効に使い、不満分子をつくることなく戦うというマネジメントを行っています。

この手腕は本当にすごい。

もしかしたら、「腐ったみかん」がいるのかもしれませんが、外からはその存在が見えないようにコントロールされているのは、監督の腕だと思います。もちろん、球団フロントのサポートがあってのことですが……。

「選手に気持ちよくプレーさせる」のは、マネージャーとしての監督の大事な仕事です。戦力が整っているチームには、工藤監督のようなやり方が求められています。

顔の向きはバラバラでも同じところを見ている

もちろん、レギュラー選手を固定できないようなチームの監督には、別の能力が必要です。いくら有能な監督でも、戦力が足りないチームを勝たせることは至難の業。低迷するチームを強くすることに関して、野村克也さんの右に出る人はいません。

南海ホークス（現福岡ソフトバンクホークス）で選手兼監督を経験した野村さんはライオンズで引退したあと、解説者を経て１９９０年にヤクルトスワローズの監督に就任。92年にリーグ優勝、93年にはチームを日本一に導いた名将です。

その後指揮をとった阪神タイガース、東北楽天ゴールデンイーグルスでは優勝することができませんでしたが、田中将大《まさひろ》投手（現ニューヨーク・ヤンキース）など数多くの名選手を育成した功績は誰もが認めるところでしょう。

野村監督が指揮をとるチームは成績が上がり、野村さんの教えを受けた選手は刺激を受け、成長していきました。

野村監督は「いま、どうすればいいか」を徹底して考える人。選手の適性を的確に見極めて、適材適所に配置できる監督でした。野村さんにコンバートされてレギュラーに定着した選手、「野村再生工場」で選手寿命が延びた選手は数多くいます。

人を見る目があり、言葉に説得力がありました。「野村語録」に関しては、これまで数多くの著書で紹介されています。

野村監督時代、スワローズの正捕手として活躍していた古田敦也に当時、よく話を聞いていたのですが、「チーム一丸」という感じではけっしてなかったようです。プロ野球のチームだから、高校球児のようにはいきません。しかし、そっぽを向いている選手も、眼球だけは同じところを見ていたそうです。

「右を見ろ」を言われたとき、顔を左に向けたまま、目だけで右を見ていた選手がいたというのです。

素直に「はい、はい」と言うだけがチームワークではありません。大事な局面で監督の指示通り、同じところを見ることが重要なのです。

野村さんは、選手として3017試合に出場し（歴代2位）、657本の通算本塁打を放ち（王さんに次いで歴代2位）、捕手として唯一の三冠王にも輝いています。

スターでありながら、45歳まで「生涯一捕手」としてプレーし、さまざまな苦労をしました。そんな野村さんだからこそ、選手のプライドを尊重しつつ、刺激を与えながらチームを統率できたのではないでしょうか。

私にとっての「最強」は１９９０年代前半のライオンズ

私は１９６５年生まれですから、Ｖ９時代のジャイアンツの強さは本当の意味ではわかりません。資料や映像を見るのと、実際に同じグラウンドで戦うのとではまったく違うはずですから。

「あなたにとって最強のチームはどこですか」

そう尋ねられたら、迷うことなく、「1990年代の西武ライオンズ」と答えます。

89年秋のドラフト会議で1位指名されロッテオリオンズ（現千葉ロッテマリーンズ）に入団した私にとって、ライオンズは大きな大きな壁でした。「全然歯が立たない……」と何度も思ったものです。事実、入団2年目の91年、我がチームはライオンズと26試合戦い、4勝21敗1分という惨憺《さんたん》たる成績を残しました。

2007年に5位になるまで25年間ずっとAクラス（3位以内）にいたライオンズですが、10年で6度優勝した1980年代に負けず劣らず、90年代も強かった（90年から5年連続優勝）。

広岡達朗監督が改革したチームをヘッドコーチだった森祇晶《まさあき》監督が整備し、さらに強くしました。ふたりが監督をつとめていた13年のうち、リーグ優勝を逃したのはわずか2回。これだけでもあの当時のライオンズの強さがわかるでしょう。

勝ち方を知っているレギュラーがいて、マネジメントに長けた監督がいて、そのサポート役をつとめるコーチがいる。

ドラフトで若い選手を発掘し、トレードやFA制を駆使して戦力を積み上げる。高卒の選手もきちんと育てて、ベテランも長く働けるような環境をつくる。

ライオンズが強かったのは必然かもしれません。

黄金時代を選手として支えた人たちがいろいろなチームで監督になりました。2004年に監督就任1年目でライオンズを日本一に導いた伊東勤監督（現千葉ロッテマリーンズ監督）、08年に同じく就任1年目で日本一になった渡辺久信、14年にホークスで日本一にのぼりつめた秋山幸二さん、現在ホークスの指揮をとる工藤監督。彼らが監督を任され、優勝という最高の結果を残すことができたのは勝ち方を知っているからです。

監督が何もしなくても勝てる

森監督率いるライオンズは、監督が何もしなくても全員が同じ方向を見ていました。戦力でもチームとしてのまとまりでも劣る私たちは、なすすべもなく敗れることが多かった。

「これがチームとしての正しい姿なのだ」と思い知らされました。

先発陣も中継ぎも抑えも、質量ともに充実していました。もし私がライオンズに入っていても出番はなかったでしょう。

プロとして考えれば、なかなか勝てないけれど、試合を任せてもらえるチームに入ったことは私にとって幸せだったかもしれません。

しかし、やっぱり勝ちたい気持ちが強かったので「どうすればライオンズのようになれるのか」を考えていました。

野手も投手陣と同様、隙のない布陣でした。

捕手・伊東さん、一塁・清原和博、二塁・辻発彦《はつひこ》さん、三塁・石毛宏典さん、遊撃・田邊徳雄（現埼玉西武ライオンズ監督）、外野が安部理さん、秋山さん、平野謙さん（現BCリーグ　群馬ダイヤモンドペガサス監督）、DHがオレステス・デストラーデさん。

これだけのメンバーを前にすると、勝とうという気持ちは起こらず、「打たれてもともと」という開き直りがありました。それが功を奏したのか、ライオンズ戦ではなぜかいい投球ができました。

勝ち続けたければ戦力補強を

プロ野球のチームならばどこも「勝つために」プレーしています。

しかし、勝負事に絶対はありません。勝利もあれば、敗北もある。強いチームをつくるためには、ほかよりもいい戦力を揃えなければなりません。勝ち続けたければいい選手を集めればいい。

そういう意味では、いまのホークスのやり方は正しい。もしかしたら、Bチームをつくっても相当な成績を残すかもしれません。

実際、ジャイアンツの立岡《たておか》宗一郎選手やスワローズの山中浩史《ひろふみ》投手のように、セ・リーグに移籍してから活躍する選手もいます。ホークスで出番に恵まれなかった選手がレギュラーを勝ち取ったことは、二軍の選手にとって大きな励みになるでしょう。「がんばればなんとかなる」とプラスに働く可能性があります。

強いチームをつくるためには、お金をかけて選手をかき集めればいいと思っている人がいるかもしれませんが、けっしてそうではありません。

「どんなチームをつくるのか」

「そのために何をすべきか」

このふたつをしっかり考えなければ、補強にかけたお金はすぐに消えてなくなってしまいます。それどころか、チームの基盤やもともと持っているはずのよさささえもなくすことになるかもしれません。

強い組織をつくるためにまず必要なのは、人材の発掘と育成、教育だと私は思います。

積極的に起用すれば人は育つ

「1年間任せられるキャッチャーがいない」

プロ野球のほとんどのチームが、人材不足に頭を悩ませています。

1990年代には、古田、谷繁元信（現中日ドラゴンズ監督）、城島健司（元福岡ソフトバンクホークスほか）など名球会入りしたり、メジャーリーグで活躍したりする名捕手がいました。

ところがいまは、年間100試合以上マスクをかぶるキャッチャーは数えるほど。なぜ日本のプロ野球からいいキャッチャーがいなくなってしまったのでしょうか。

それは、監督が「腰を据えて使わない」からです。

キャッチャーというポジションは、何よりも経験が必要です。それなのに、監督が何人もの候補者をとっかえひっかえして……結果、どの選手も経験を積むことができず、定着できずにくすぶっています。

キャッチャーは試合に出て、失敗と成功を繰り返しながら、いろいろなことを学んでいくものです。「この選手に任せる」と決めたら、とことんまでやらせてみるほかありません。少しの失敗で交代させてしまえば、育つものも育ちません。私は「使えば育つ」と考えています。

のちに2000本安打を記録するほどの大打者になる古田は、守備を評価されてプロに入ってきました。「眼鏡をかけたキャッチャーなんて」と、野村監督がいい顔をしなかったというのは有名な話。しかし、プロ2年目の91年には首位打者を獲得し、3年目には30

本塁打を記録しました。

MVP2回、ベストナイン9回、ゴールデングラブ賞10回を獲得するほどの選手になるとは、当人も想像しなかったのではないでしょうか。これほどの成績を残すことができたのは、名伯楽《めいはくらく》の野村監督の薫陶《くんとう》を受け、本人が不断の努力をした成果です。

野村監督が「育てる」つもりで辛抱し、出場機会を与えたから、名捕手・古田敦也が育ったのです。リードを研究・実践していくなかで、バッターとしての読みが深くなったのではないでしょうか。

「この選手」と決めたら、欠点や失敗には目をつぶって使うしかない。特にキャッチャーはそうです。

ベイスターズのアレックス・ラミレス監督はシーズン開幕時に、ルーキーの戸柱恭孝《やすたか》捕手をレギュラーとして起用することを明言しました。シーズン終了時にどんな結果になっているかはわかりませんが、おそらくやり方としては正しい。

試合で経験を積まないと成長できない

ジャイアンツが阿部慎之助捕手のあとを任せるキャッチャーに苦労していますが、彼がいずれ衰えることは予想できていたはず。マスクをかぶれなくなって、慌てて後任探しをするのはいかがなものかと思います。

試合で経験を積まないと成長することはできない――これはキャッチャーだけに限りません。

将来、チームの屋台骨を支えるようになる選手には、「いくら打率が悪くても、年に400打席立たせる」などと決めてチャンスを与えてほしい。実戦のなかで選手たちは何かに気づき、成長していくのです。

それなのに、二軍でも試合に出たり出なかったりでは、うまくなるものもうまくなりません。大きな故障や重大な修正ポイントがあれば別ですが、試合以上に有意義な時間はありません。練習はあくまで、試合に出るための準備です。

北海道日本ハムファイターズは期待の選手にチャンスを与える方針を貫き、高校からプロ野球に入った若手選手を着々と育てています。ダルビッシュ有投手（現テキサス・レンジャース）、中田翔選手、大谷翔平投手はすぐに成果を出しました。ファイターズだけでなく、こうした形で育成をはかるチームが増えていることは喜ばしい限り。

もしプロで通用するだけの実力がある選手なら、高校を卒業して一日でも早くプロ入りしたほうがいいと思います。早くプロに飛び込んだら、それだけ経験を積めるから。きちんとした育成計画をもとに育ててくれるチームならなおさらです。

「プロでうまくいかなかったら……」と考えるのなら、大学に進んで4年間で「プロでやれるかどうか」を判断しても遅くはありません。

その選手が持つ運も、入るチームとの相性もありますが、プロで勝負するつもりがあるならば、一日でも早く経験を積むべきだと思います。

第１章まとめ

- 「気持ちよくプレーさせる」のは監督の仕事
- 「はい、はい」というだけがチームワークではない
- 監督が何もしなくても全員が同じ方向を見ている
- お金をかけて選手を集めるだけでは強いチームはつくれない
- 強い組織をつくるために必要なのは人材の発掘と育成、教育
- 選手が育たないのは「腰を据えて使わないから」
- 人は失敗と成功を繰り返しながら、いろいろなことを学ぶ
- 少しの失敗で交代させてしまえば、育つものも育たない
- 欠点や失敗には目をつぶって使うしかない
- 試合で経験を積まないと成長することはできない
- 実戦のなかで選手たちは何かに気づき、成長していく

第2章

弱いチームの共通点

弱いチームだから働き場所が確保できた

私が１９８９年の秋のドラフト会議で1位指名を受けて入団したロッテオリオンズは、74年以来ずっとリーグ優勝から遠ざかっていました。本拠地の川崎球場は観客が入らず、いつも閑古鳥が鳴いている状態（いまのプロ野球では使われなくなったフレーズです）でした。

80年代には2位が3回ありましたが、Bクラスが定位置で、3度も最下位になっています。私が入団する前のシーズンも6位。勝率は3割9分3厘。防御率4・50というチーム。

４００勝投手の金田正一監督が78年以来、12年ぶりに復帰することで話題を集めていました。私は早稲田大学野球部時代に、「鬼の連藏《れんぞう》」と恐れられた石井連藏監督に鍛えられたので、プロに入って苦しむことはありませんでした。

オリオンズに入団したときには、自分より若い選手が多く、新人という感じはしませんでした。最初からベテラン組に組み込まれていたため、下を見ることはありませんでした。年上の選手に対して「この人たちと互角にやらないといけないのか」と思いながら、練習していました。確実に出番をもらえるチームに入ったことは、いま思えば、幸運だったと思います。

チームの顔だった村田兆治さん（通算215勝33セーブ）や牛島和彦さん（通算53勝126セーブ）などリーグを代表する投手もいましたが、戦力的にはかなり手薄。

ドラフト1位で入団した私は「即戦力」として期待されていて、実際にそういう扱いを受けました。後輩には伊良部秀輝《ひでき》、前田幸長《ゆきなが》など有望な若手がいたものの、まだ才能を開花させるには至っていませんでした。

タイトルホルダーがいても勝てない

1990年は西村徳文《のりふみ》（現オリックス・バファローズヘッドコーチ）さんが、91年に平井光親《みつちか》が首位打者を、94年には伊良部が最多勝、最多奪三振のタイトルを獲得しましたが、チームとしては下位に沈んだまま。
私は1年目の開幕からローテーションを任され、90年は30試合に登板して、6勝10敗2セーブという成績を残しました（チームは5位）。
2年目には10勝をマークしましたが、負け数は16。入団からの5年間は勝利よりも敗戦の数が多い投手でした。
90年＝6勝10敗
91年＝10勝16敗
92年＝8勝15敗
93年＝12勝14敗
94年＝3勝9敗
91年と92年は、リーグ最多の敗戦数です。5年間で39勝を挙げながら、敗戦は64もあります。勝率にすれば、3割7分8厘。
チームは5位、6位、6位、5位、5位。
92年から八木沢荘六《そうろく》監督が就任し、本拠地を千葉マリンスタジアム（現QVCマリンフィールド）に移し、球団名を千葉ロッテマリーンズに変えユニフォームも一新しましたが、大きな変化はありませんでした。

チームは依然、弱いままでした。

当時、黄金時代を謳歌していたのがライオンズでした。数多くの優勝経験を持つ智将・森監督に率いられ、ベテラン、若手、外国人選手が一丸となって、無駄のない動きで次々に勝利を積み上げていきました。

「こんなチームと戦っても勝てるはずがない」

私がそう思っていたのがこのころです。

「勝つためにこうしよう！」が実現しない

「相手が強いんだから、負けても仕方がない」と思っていたのは私だけではありません。こちらのベンチにはそんな空気が漂っていました。彼我《ひが》のチーム力の差はいかんともしがたいものがあり、試合が始まる前から勝負がついているような感じでした。個人の能力、優勝経験、監督やコーチの力量、選手の集中力、戦力、チームとしてのまとまり……すべてが違いました。

だから、私はシーズンオフに球団フロントとぶつかることになりました。

「ライオンズに勝ちたいんです。あんなチームになれば、勝てますよ」

目の前にお手本があるのだから、同じようにすればいいと私は主張したのですが……球団フロントの反応は寂しいものでした。

球団「ライオンズみたいなチームをつくるのは大変ですよ」

小宮山「勝ちたければ、いい選手を獲りましょう。本気で勝つ態勢を整えましょう。いつまでも優勝しなくていいんですか」

私の言葉は空回りするばかり。不毛なやり取りをどれだけ繰り返したことでしょうか。

「たかが選手が……」とフロントが思っていたかどうかはわかりません。私は本気で勝ちたかった。自分の気持ちを直接伝えることができるのは、契約更改のときだけ。しかし、いつも空しい会話で終わりました。

圧倒的に差がある相手と戦って、負けたからといって年俸を抑えられるのはおかしい。プロなのだから、同じ条件で戦わせてほしいと考えていました。それで負けたのなら、減俸も甘んじて受けるつもりでした。

勝つための方法が見えているのに、それをやろうとしないのは怠慢でしかない。「プロ野球チームを持つ資格があるのか」とまで思いました。

組織の文化や風土が見えない

組織を変革するうえで、一番難しいのは風土を変えることだと聞いたことがあります。長く続く組織であれば、そこに伝統があり、所属する人の思いがあり、文化があり、風土があります。

組織の仕組みを変えても、風土をなくしてしまってはいけないのではないかと私は思います。

「私たちの会社はこういう会社だ」というものがなくなれば、組織としては危うい。所属する人間が胸を張ってそう言える組織は強いはずです。

変えようとしている側から見れば、「だからダメなんだ」となるかもしれませんが、気骨のようなものは必要です。

おそらく業績がよくない、うまく回っていない組織には、変えなければならないところがたくさんあるはずです。

でも、「これだけは！」と守るべきものもあるのではないでしょうか。

当時のロッテという球団には、それがまったく見えなかった。

だから、弱かったのです。

親会社は日本に12球団しかないプロ野球のチームを持っていることに満足しているようで、「勝とう」とか「変えよう」という意思が見られませんでした。

戦力的にも弱く、お客さんが球場に来なくて、その球場の設備はボロボロで……それでも改善する気がない。

これは、「やる気がない」と考えるしかありませんでした。

雇う側の球団と、雇われている選手では立場が違うということは重々承知していました。しかし、それをわかったうえで、思いをぶつけることに意味があると思ったのです。きちんと考えているから、意見が生まれるのです。

弱いチームの監督は2、3年でクビ!

男性が憧れる職業として、プロ野球の監督とオーケストラの指揮者がよく挙げられます。しかし、プロ野球の監督の仕事の範囲はそう大きくありません。与えられた選手を使ってどうやって勝つか。あくまでグラウンドのうえの責任者という位置づけです。

最近ではメジャーリーグにならって、球団フロント主導でチームづくりが行われるようになっていますが、かつて日本のプロ野球には編成権を持ちトレードやFA制をうまく活用する監督がたくさんいました。

新戦力の台頭や激しい競争がなければ、組織の流れは澱《よど》むもの。新陳代謝の少ないチームが勝てるはずはありません。

弱いチームの社長も監督も、5年後のビジョンは描けません。果たして、誰もビジョンを持たないチームが強くなるでしょうか。

チームづくりを考える役割がいない

20年以上前は、責任の所在が明確ではなく、誰がどんなビジョンを持ち、どんなチームをつくるのか、誰が選手を集めているのかが組織のなかの人間にもよくわかりませんでした。ドラフト会議の指名選手も、トレードも、FA宣言した選手の獲得も、誰が最終的に決定しているのか、わかりません。

本来なら球団社長なり、GM（ゼネラルマネジャー）なりがチームづくりのビジョンを示し、それに沿って監督を招聘《しょうへい》し、コーチを揃え、新人選手を指名し、トレードを行うべきです。

それなのに、何年も優勝から遠ざかっているチームは、すべてをあいまいにして、誰も責任をとりません。

小宮山「球団は、どうして勝てないかを考えていますか」

球団「選手はよくがんばってくれています。でも、ほかのチームにはいい選手がいて、強いですから……」

小宮山「いい選手をつくって、互角に勝負しようと思いませんか」

球団「うーん……」

イチ選手と球団フロントがこんな会話をするのはやはりおかしいでしょう。フロントは「自分の仕事は何なのか」をまったく理解していませんでした。

球団社長になる人は、本社にもどるまでに失敗したくない。波風立てず、2、3年が過ぎればいいと考えていたのだと思います。「優勝するために何かをしよう」などとは少しも考えているようには思えませんでした。

そんな球団フロントと一緒に戦うことなどできません。

「いいピッチャーを獲ってください」

「勝てるチームにしましょう」

私はいろいろと言葉を変えて訴えましたが、すべて徒労に終わりました。

ドラフトもトレードも外国人補強も、もっとほかにやりようがあったはずです。弱いチームなら思い切った手を打つしかありません。

何も変えないで強くなろうと思っても、勝負の世界は甘くありません。

グラウンドでは監督やコーチ、選手が、グラウンドの外ではスカウトの人たちが懸命にがんばっていたはずです。しかし、すべてを見渡して、チームづくりを司《つかさど》る人間がいませんでした。これは、致命的でした。

チームとして目指す方向が明確でなければ、個人がいくら奮闘しても成果はあがりません。タイトルホルダーがいてもチームはBクラス。

そういうチームは数え切れないほどあります。

出場機会を奪われた選手は腐っていく

いくらいい新人選手を獲っても、一軍の戦力になるまでには時間がかかります。スカウトからすれば、「これだけいい選手を獲ったのだから、あとはうまく育ててくれるだろう」と考えます。

しかし、2、3年で監督やコーチは解任。新しいスタッフがその選手を見て「どうすればいいんだ？　この選手」と驚くことがあります。

その選手を獲得した理由と育成計画があれば、そんなことは避けられるはずです。

「3年後に一軍のローテーションに入れるために、二軍で年間20試合先発させよう」

「いまのトップバッターが衰えてきたから、来年は一番で使う。とにかく出塁率の高いバッターにしよう」

育成計画と指導マニュアルがあれば、選手もコーチも迷うことはないはずです。

そういうものが何もなく、ただ「うまい選手になれ！」「一軍で活躍できる選手に！」と言っても、なかなか成果は出ません。

監督、コーチはすぐに新入団選手に目移りします。選手は悩んでいる間に出場機会を奪われ、腐ってしまうのです。

もちろん、選手個人に責任はありますが、何千万もの契約金を払った選手が消えていくのはもったいないと球団は思わないのでしょうか。

何のためにどんな選手を獲得するのか？

ドラフト会議で、大学生の即戦力投手を抽選で外して、外れ1位で高校生の内野手を獲る球団があったとしましょう（毎年のように見られることですが）。

新人選択会議に臨むにあたって、この球団はどこに補強ポイントを置いていたのでしょうか。

おそらく、ローテーションの投手が手薄なので、大学で実績を残した投手が欲しかったはず。ところが、抽選で外れたから、即戦力ではない高校生の内野手を指名してしまいました……ここにどんなビジョンがあるのでしょうか。

大学生の投手の抽選に外れて、高校生の投手を指名するのなら理解できます。最低限、ポジションが同じならば。

もしかしたら、その内野手が地元の出身で、甲子園で大活躍したのかもしれません。「3年後にはレギュラーになれる」と考えた可能性があります。では、1位で欲しかったはずの即戦力の投手はどこでどのようにして確保するのでしょうか。

スカウトの眼力を信じるとするならば、上位指名の選手のほうが能力が高く、活躍する可能性があるはず。指名順位が下がれば下がるほど、いい選手が獲れなくなります。ポッカリと空いた穴を埋めるのは果たして誰なのでしょう。来年のドラフトまで待つつもりでしょうか。

チームにとって、誰を指名するのが一番いいのか。

その視点があれば、大きく外れることはないはずです。下位チームには補強ポイントがいくつかあるでしょうが、何を優先すべきなのかはチーム成績や各選手の成績を見れば明白です。熱心に応援しているファンの方なら、お見通しでしょう。

残念ながら、自分のチームの補強ポイントと関係なく、その年の「ドラフトの目玉」を追いかける球団が毎年のようにあります。

ドラフト1位でも疑問符がつくケースがあるのですから、下位の指名は謎ばかり。「この選手のどこがいいと思って指名したのだろう」「誰の後釜として獲ったのかな？」と思わず首をひねりたくなる選手がたくさんいます。

その選手を獲得した理由と、使い続ける理由が一致しなければやはりおかしい。逆に言えば、どんなに反対する声があっても、ふたつの理由が一致していればいいのです。

一軍で活躍できる選手と二軍止まりの違い

アスリートは脳が指令を下して自分の手足を動かすのですが、頭で考えて手足を正しく動かすことができるかどうかが肝心です。

調子がいいときにはできるけど、悪いときにはできないでは困ります。「いつでも、どんなときでもできる」という再現性が大事なのです。「同じことをいつでも同じようにできる能力」とでも言いましょうか。

それを備えていて、ほかよりも長けている選手は「プロらしい」と言われます。「昨日できたことが今日はできない。だけど、明日はできるかもしれない」では、プロとしては失格です。当然、結果もバラバラでしょう。

「モノにならない」と判断されれば肩を叩かれる

「いま、自分がどういう状態なのか」「なぜ失敗したのか」がわかっているのなら大丈夫。それが自分で把握できていない人はどうにもなりません。アドバイスをされても混乱するだけ。

ある程度の選手ならば、「いいときにうまくいく」のは当たり前。うまくいかないときにどう対処するかでその後が違ってくるのです。そこを突き詰めて「いつでもできる」ようにするのがプロフェッショナルです。

その境地に至るまで、数年はかかるでしょう。マイナーで鍛えられ、チャンスをつかんでメジャーまで上がってくることができるかどうか。日本なら、二軍でがんばって一軍に上がれるかどうかの分かれ目です。

その過程で「無理だ」と判断されれば、ユニフォームを脱ぐしかありません。「モノになる」か「モノにならない」かを判断されて、肩を叩かれることになるのです。そこに新しい選手が入ってくる。

野球の世界の淘汰《とうた》はこうなっています。

「モノになる」と判断されれば、課題を解消するためにトレーニングに励む。「モノになる」可能性が高い選手が多くなればなるほど、強い組織になります。

高校野球でできたことが、プロではできないということはよくあります。

それまで経験したことのないことに直面して、どう対応するか。

同じスポーツをしていても、レベルが上がれば、同じではありません。ピッチャーが投げるボールのスピードも変化球のキレも。

それを「なんとかする」のがプロの選手です。実戦で失敗と成功を繰り返しながら、技術を身につけるしかありません。一軍で経験できないレベルであれば、二軍で鍛えるしか方法はない。

マリーンズは、キャンプでドラフト1位の平沢大河《たいが》選手を一軍に置いて試してから、二軍に落としました。それは「二軍で経験を積ませるべきだ」と判断したから。二軍で打率2割9分4厘、4本塁打、22打点という成績を残したのを見て5月に一軍に上げました。

オコエ瑠偉《るい》選手（東北楽天ゴールデンイーグルス）は開幕一軍メンバーに入りましたが、4月には二軍行き。この判断の「よし・あし」は難しいところです。

現在のオコエの状態で、一軍で400打席立たせることができるかというと、かなり厳しいと言わざるを得ません。打率1割を切ってでも一軍で使い続けることはさすがにできないはずです。そうなってから二軍に落とすのなら、序盤からみっちり二軍で鍛える方法のほうがいい。

使い続けることもできず、経験を積ませることもしないで、時間だけが過ぎるのが一番もったいない。

「その判断を誰がするのか」というところに、この問題の本質があります。

「他人のせいにする」――ダメなチームの共通点

どの球団もシーズン開幕前には「優勝を狙う」と言いますが、必ずしも優勝だけが目標ではありません。6球団のうち1チームしか優勝できないわけですが、「今年はがんばっても3位しか無理」とは口が裂けても言えません。本来ならば、チームとしてきちんとした目標を掲げて、そこに向かっていくことが大事なのです。

「投手の防御率を3点台にしろ」と言われれば、それを目指せばいい。具体的な数字があるほうがやりやすいでしょう。

一番難しいのは、「すべての人が認める強いチームにしてくれ」と漠然としたことを言われること。現状の戦力では実現することが難しい、あいまいな目標を掲げて（さまざまな制約もあって）、うまくいかずに監督交代となるケースが目につきます。2、3年おきに監督が替わってしまっては、選手が育つはずがありません。

ダメなチームの共通点は、すぐに「他人のせいにする」。

たぶん、これが一番多いでしょう。

自分を正当化するのはいいのですが、うまくいかない原因が自分にあるにもかかわらず、それを認めずに他人のせいにしているうちは、進歩は望めません。

野村克也さんは言いました、「言い訳は進歩の敵」……名言です。

言い訳を準備しておいて、ことに当たるということも、絶対にしてはいけません。失敗してもすべてを受けとめて、頭を下げて、次に同じ失敗を繰り返さないという気持ちになれる人が多ければ多いほど、強い組織になれます。

「普通にやること」の難しさ

ここまでチームの構造上の問題に触れましたが、これからは「チームが勝てない理由」について書いていきます。

プロ野球の最多連敗記録が、何試合かご存じでしょうか。

私たち、マリーンズがつくった18連敗です。

１９９８年6月から7月にかけて、26日間勝てませんでした。

最初の1敗は私がつけたもの。まさか、18連敗もするとはまったく考えませんでした。

先発投手が好投したら、大事な場面でエラーが飛び出す。

打線が爆発したら、救援投手が崩れる。

先発投手をリリーフで投入して撃沈……逆転負けは数え切れないほどありました。

やることなすことがすべて裏目に出て、勝てないからこそ何かをやろうとして墓穴を掘る。

勝つこともあれば負けることもあるのがプロ野球の世界ですが、あまりにもひどすぎました。

このときに痛感したのは「普通のことを普通にやることがどれだけ難しいか」ということ。いろいろな人に「がんばれよ」と声をかけられれば、やっぱり力が入ります。力が入るとなかなかいい結果は出ません。

あのときは、みんな「なんとかしなければ」という気持ちが強すぎたのでしょう。「ああ、またか……」と落胆することばかりが続きました。

「悪夢の18連敗」から学んだことは、「できもしないことをやろうとしない」ということ。「やるべきことをやることに集中する」ということ。

ピッチャーならば、自分が狙ったところにイメージ通りのボールをしっかりコントロールして投げる。事前に映像やデータを分析して投げるボールが決まっているわけですから、相手が打てないところに投げればいい。

「大丈夫かな……」という部分を取り除くことができれば、うまくいくはずです。どこかに不安な気持ちが残っていたら、いい結果は出ません。

あのとき、メディアがおもしろおかしく取り上げるので、ベンチはおかしな雰囲気になってしまいましたが、選手からすれば「惜しい!」という試合が多かった。だからなのか、苦しんだという記憶はありません。

もちろん、ずっと負け続けているので、精神的にはきつかったのですが、打ちひしがれるような種類のものではありませんでした。

「明日くらい勝てるんじゃないの？」「いつかは勝てるよ」という心持ちでいたので、10、13、16……18と連敗が続いてしまったのかもしれません。

いま振り返ると、危機感が薄かったのでしょう。

18連敗のうち、「普通にやれば」10勝8敗で切り抜けられたはずだと思っています。

このころのチームには能力の高い選手が揃っていて、強かったライオンズの背中も見えていました。ところが、危機感の欠如によって、不名誉な記録をつくってしまいました（いまだに破られていません）。

連敗中、特に選手が萎縮しているようには見えませんでした。「いつか勝てるよ」と思ってプレーしていた私たちの敵は、緊張やプレッシャーではありませんでした。問題だったのは（繰り返しになりますが）、「危機感の欠如」です。

当時の近藤昭仁監督には申し訳ないのですが「これ、采配ミスでは？」と感じるものがあったのは事実です。しかし、それは選手が監督の思い通りに働かなかったから。継投の失敗も代打策の失敗もありましたが、成功したら名采配になっていたはずです。

プロ野球ワースト記録となる17連敗目を喫したオリックス・ブルーウェーブ戦は、「七夕の悲劇」としてよく取り上げられ、この試合で先発した黒木知宏（現北海道日本ハムファイターズ投手コーチ）が、「時の人」になりました。

しかし、黒木がブルーウェーブ戦でしっかり抑えていれば記録も生まれなかったし、これほど話題になることもありませんでした。

私たちは「悪夢の18連敗」で、野球の怖さを思い知らされました。

第２章まとめ

- タイトルホルダーがいても勝てない
- 「勝つためにこうしよう！」が実現しない
- 組織の文化や風土が見えない
- 何のためにどんな選手を獲得するのか
- 弱いチームの監督は２、３年でクビ！
- 新戦力の台頭や激しい競争がなければ組織の流れは澱む
- チームづくりを考える役割がいない
- 何も変えないで強くなろうと思っても無理
- 出場機会を奪われた選手は腐っていく
- 選手を獲得した理由と使い続ける理由が一致しなければおかしい
- ダメなチームの共通点は「他人のせいにする」

第3章

チームづくりの「はじめの一歩」

ラグビーの清宮監督に見るチームづくり

前の章では「弱いチームの共通点」について述べましたが、この章ではチームづくりの「はじめの一歩」を書きましょう。

まずは、ラグビーの監督である清宮克幸の例を挙げさせてもらいます。

清宮は選手としても数多くの優勝を経験した名選手でしたが、ここでは指導者の部分にフォーカスしていきます。

２００１年、低迷する早稲田大学ラグビー蹴球部の監督になり、関東大学対抗戦で全勝優勝。03年には13年ぶりに全国優勝に導きました。05年、06年には連覇を達成しました。

06年にトップリーグのサントリーサンゴリアスの監督に就任。２シーズン目にマイクロソフトカップ優勝を果たしました。

10年２月にサントリーの監督を辞任した清宮は、11年３月、ヤマハ発動機ジュビロの監督になりました。

ヤマハの監督になってから、どのようにチームをつくるのかを私は興味深く観察していました。

「こうすれば強くなる」という答えを用意する

清宮には監督としての「チームづくり」の方針があります。

その方針は、彼が早稲田大学の主将としてチームを束ねた経験、弱かった早稲田を甦《よみがえ》らせた実績、強豪のサントリーで培ったものがすべて合わさってできています。おそらく、ヤマハという初めてのチームだからといって、特別な意識はなかったと思います。

当時のヤマハは成績が悪く、入れ替え戦でなんとかトップリーグに踏みとどまったチーム。新しい監督としては、やりやすい状態でした。

清宮にはすでに早稲田とサントリーでの確かな実績があり、監督としての力量を疑う選手はいなかったはずです。

どん底のチームを変えるために呼ばれているので、「だからダメなんだ」「このままでは勝てないぞ」とはっきり言える環境にありました。ストレートな物言いが彼の特長ですから、選手にとって耳の痛いダメ出しもきっとしたことでしょう。

早稲田大学の監督時代に一緒に戦った選手が多くいたこともあって、自分の考え方ややり方を改めてイチから教える必要もない。

「清宮監督の哲学」は、すぐに浸透したように思います。チームの約束事を決めて、それを確実にこなすことが第一歩です。

「こうすればチームは強くなる」という答えを、清宮は持っていました。選手の性格や習熟度に合わせて「どう伝えるか」に気を使ったとは思いますが、迷いは少しもありませんでした。

個人やチームが抱えている課題を挙げ、それをどのように克服するか——そのトレーニング方法を提示しました。

幸運なことに、初練習の前日、テレビ局の取材でミーティングに立ち会うことができました。いつも堂々とした男ですが、この日は特に自信に満ちあふれていました。この時点で、「ヤマハは絶対に強くなる」と確信が持てました。

選手は名前のある監督が来たということで身構えるところはあったでしょうが、清宮の貫禄、自信あふれる語り口に圧倒され、魅入られたように話を聞いていました。

清宮が現役を引退したのが２００１年。引退してすぐに監督になって、早稲田大学、サントリーで優勝を経験しているから、選手としては疑いをはさむ余地がない。選手としても、監督としても、キャリアは完璧に近い。清宮の圧倒的な存在感の前では「信じてついていくしかない」と思ったことでしょう。

瀬戸際のチームだから思い切ったことができる

ラグビーというスポーツは番狂わせの少ない競技だと言われています。簡単にいえば、戦力で劣るチームが勝てる可能性は低い。勝つためには、戦力を上げるしかないということとになります。

当時のヤマハはかなり乏しい戦力でした。ほかのトップリーグの強豪と比べると、実力的にかなり劣っていたので、入れ替え戦に回るはめになったのです。

いくら清宮が優れた監督でも、3年や4年で強くできるはずがないと、ラグビー関係者は考えていたようです。もちろん、清宮も「すぐに」とは考えていなかったでしょう。しかし、それほど時間がかかるとは思っていませんでした。選手もチームがどん底にあることを自覚していたので、「思い切って手が打てる」からです。

意識を変えるときは、タイミングが大切です。

いきなりは無理でも、何年かのスパンで強化をはかれば「絶対に強くなる」という確信がありました。清宮には中長期のステップ、チームの成長曲線が見えているので、少しも焦る様子はありません。

周囲からは「のんびり」に見えることもあったでしょう。しかし実際には、本人の頭のなかにしっかりとしたビジョンが描かれていました。

成長の過程では計算通りにいかないこともあったかもしれませんが、慌てる素振りはまったく見せません。そこが彼の名監督たるゆえんなのでしょう。

有望選手を入れることと現戦力を底上げすること

チームを劇的に変えようと思えば、すべてを変える必要がありますが、それは簡単なことではありません。

ラグビーでは、プロ野球のようにドラフト会議もトレードもありません。お金をかければいい選手を補強できるわけではないのです。

人脈を駆使して有望選手をスカウトしながら、いまの戦力の底上げをはかること。やるべきことは、シンプルです。

「1年でできること」、「2年でできること」、「3年でできること」。そんなふうに分けて考えていたようです。

2011年のトップリーグは8位。五郎丸歩《ごろうまるあゆむ》選手（現トップ14　トゥーロン）が得点王、ベストキッカー賞、ベスト15を獲得しました。12年2月、近鉄ライナーズとの日本選手権出場決定戦に勝ち、5年ぶりの日本選手権出場を決めました。しかし、1回戦では東芝ブレイブルーパスに15－56で敗れました。

12年のトップリーグでは、6位。五郎丸選手が2年連続で三賞を受賞しました。日本選手権は1回戦で敗退（パナソニックワイルドナイツに14－56で敗れる）。

13年のトップリーグは、5位（ファーストステージ2位、セカンドステージ5位）。日本選手権は2回戦敗退（神戸製鋼コベルコスティーラーズに26－28で敗れる）。少しずつ順位を上げていきました。

はじめのころは、サントリーや東芝といった強豪と比べて何が足りないのかを冷静に分析して、「このくらいできれば上出来」というふうに、俯瞰《ふかん》して見ていました。「数年後には勝てる」という確信を持って、足りないところ、ダメなところを探っていました。

清宮が早稲田大学の監督を引き受けたときにもいろいろと大変なことはありましたが、今回はプロとして勝利を求められていたのでプレッシャーは大きかったはずです。しかし、そんなことは微塵も感じさせません。

14年、ついに収穫のときを迎えます。

トップリーグはファーストステージ3位で、セカンドステージは4位でしたが、プレーオフ準決勝で神戸製鋼に41－12で勝利。決勝ではパナソニックに12－30で敗れたものの、堂々の準優勝。

その後に行われた日本選手権では準決勝で東芝を21－9で、決勝でサントリーを15－3で下して優勝を飾りました。

監督就任からわずか4年で、頂点を極めたのです。

自分の考えを選手のレベルに合わせて伝える

当たり前の話ですが、野球とラグビーはまったく違うスポーツです。

野球は監督が1球ごとに指示を出すことができますから、指揮官からすれば、選手は局面局面で自分の意図通りに動いてくれればいい。ゲームプラン通りにプレーできる選手を揃えれば勝てます。ひとつのプレーごとに修正することができるからです。

監督には、自分の思い通りに動かせるマネジメント能力と有能な人材を見抜く力が求められます。選手の持つ能力を試合でコーディネートする力も必要です。

ラグビーの監督は試合中、スタンドに座っているしかありません。試合が始まれば、選手に任せるほかないのです。

試合で指示を出せない分、清宮は実に緻密《ちみつ》な練習をしていました。気になるプレーがあれば、その都度止めて、細かく指示を与えます。ラグビーの基本的な動きはどの選手も理解しているはずですが、そのうえに新しいことを植えつけていく。

イメージは豪快なのに、指導方法は手取り足取り、細かく丁寧。かみ砕いて教えていました。それは、選手が本当の意味で理解しないと試合でできないと考えているからでしょう。

清宮監督のすばらしい点は、チームの現状認識の正確さと、選手とチームの伸びしろの予測。自分の考えを選手のレベルに合わせて伝える力です。

これらが、ほかの監督との大きな違いではないでしょうか。

もうひとつ大きな特長は、多面的なものの見方ができること。

2015年は息子の幸太郎くん（早稲田実業学校高等部硬式野球部）が甲子園で大暴れして話題になりましたが、私はそれ以前から野球についていろいろと聞かれていました。360度から質問が飛んできます。常識や固定観念にとらわれることがありません。

「名選手、必ずしも名監督にあらず」

そんな言葉がありますが、彼には当てはまりません。自分の経験だけにとらわれることなく、各方面から情報を仕入れ、最終的な判断を自分で行っているから。本能のままに動く天才型ではなく、あくまで理論で選手を動かすタイプです。

清宮は熱い心を秘めていますが、表面的には非常にクール。弱みは他人に見せたがりません。

監督がバタバタすると選手に伝染すると思っているのかもしれません。

先ほども触れましたが、ラグビーの監督はいつもスタンドから試合を見ています。あの位置で慌てても仕方がないから、どっしりと構えていられるのでしょう。

有望選手はわずか7、8年でいなくなる

ここからは、メジャーリーグで行っているチームづくりの考え方をご紹介しましょう。

私は2000年、01年とベイスターズでプレーしたあと、02年にアメリカに渡り、ニューヨーク・メッツに所属しました。学生時代から憧れていたメジャーの舞台にやっと立つことができました。

私はボビー・バレンタイン監督のもと、25試合に登板し、成績は0勝3敗、防御率5・61でした。マイナー落ちも経験しましたが、アメリカでの1年間は楽しいことばかりでした。対戦したメジャーのバッターは本当にすごくて、中途半端なボールは確実にスタンドに持っていかれます。ごまかそうといろいろな工夫をしても、どうにも太刀打ちできない選手が何人もいました。

メジャーで一番勉強になったのはシステムの違いです。例えば、故障者リスト、選手の

移動方法、選手会の役割、選手の待遇、代理人との関わりなど。

日本のプロ野球には、80年を超える歴史があります。戦前から先人が苦労に苦労を重ねここまで続いてきました。戦中、戦後の混乱期も時代の空気とうまく折り合いをつけながらやってきたから、いまのプロ野球があるのです。

だから、私は「日本のプロ野球がメジャーより遅れている」とか、「何でもメジャーから学ぶべきだ」とは思いません。

ただ、いいものはいい。それは、取り入れるべきでしょう。

私がプロ野球選手になった1990年には、FA制度はまだできていませんでした（93年シーズンオフから実施）。一度入った球団から移籍する自由は、自由契約にならない限り、選手には与えられていませんでした（代理人交渉などもってのほか）。

現状と比較すれば、球団側に有利な契約条項ばかりが並んでいたように思いますが、当時はそれが当たり前。私も特段、おかしなことだとは思いませんでした。

それを、日本プロ野球選手会が中心となって球団側と交渉し、ときには激しくぶつかり、ときには妥協しながら、少しずつルールを変えていったのです。

ＦＡもドラフトも何度かやり方を変えながら、いい形に収まっているように思えます。現在、８年程度一軍でプレーした選手は国内ＦＡ資格（海外はプラス１年）を得ることができます（２００７年以降のドラフトで入団した高校生選手は８年、大学生・社会人選手は７年）。

ドラフトで指名した高校生がすぐに一軍に定着したら、８年後には他球団に移籍する可能性が高いということになります。

さらにいえば、ポスティングシステムを容認する球団なら、選手はもっと早い段階でメジャーリーグに移籍することができます。

現在ニューヨーク・ヤンキースで活躍する田中将大投手は駒大苫小牧高校を卒業後、イーグルスで7年間プレーしたあと、ポスティングシステムを使ってメジャー移籍を果たしました。２０１６年からロサンゼルス・ドジャースのユニフォームを着る前田健太投手はＰＬ学園高校から東洋広島カープに入団し、一軍で8年間投げたあと、27歳で海を渡りました。

ダルビッシュ有投手がテキサス・レンジャースに移籍したのは25歳のとき。高校を卒業してすぐに一軍で活躍する投手ならば、20代半ばでチームを離れてしまうことになります。

看板選手が7、8年後にはチームから離脱する時代になったのです。

チームの核となる生え抜き選手の育成

第2章で「プロ野球のチームづくりも変わってきた」と書きましたが、その先駆者であるファイターズはメジャー流のいいところを取り入れて、時代に即したチームづくりをしています。

スター選手だった新庄剛志《つよし》が引退しても、主砲の小笠原道大《みちひろ》（現中日ドラゴンズ二軍監督）がFAでジャイアンツに移籍しても、エースのダルビッシュ投手がメジャーに行っても、少しも慌てることがありませんでした。それは、かなり前から準備をしていたからです。

大物選手がいなくなってから、補強を考えてももう手遅れです。

ローテーションの柱でありバッターとしても活躍する大谷翔平投手はプロ4年目ですが、数年後にメジャーに移籍してしまう可能性が高い。四番打者の中田翔選手もプロ9年目、

27歳になりました。今後ふたりがいなくなることを想定して、いまから新人の発掘、戦力補強を考えているはずです。

私がメッツでプレーしたころ、同じニューヨークに本拠地を置くヤンキースには4人の生え抜きの選手がいました。エースのアンディ・ペティート投手（２００４年にヒューストン・アストロズに移籍）、抑えのマリアノ・リベラ投手、ホルヘ・ポサダ捕手、デレク・ジーター遊撃手。「コアフォー」と呼ばれた彼らは、ヤンキースの育成システムから生まれました。

ヤンキースはチームのスタイルに合った選手を獲得し、独自の指導マニュアルに沿って、彼らを育てあげました。

メジャーリーグきっての名門も、１９８０年代後半から下位に低迷していました。しかし、96年には彼ら4人の活躍もあって、18年ぶりにワールドシリーズ制覇を果たし、98年からは3年連続でワールドシリーズ優勝を飾りました。

オールスター出場5回を誇るポサダ捕手は２０１１年まで、史上最多の通算６５２セーブを記録したリベラ投手は13年まで、通算３４６５本の安打を放った「キャプテン」ジーター選手は14年に引退するまで、ヤンキースひと筋でプレーし続けました。

ひとりひとりのファイルをつくり、育成計画を練り、組織全体で育てた選手が15年～20年もチームの核として活躍したのだから、ヤンキースが強かったのもうなずけます。

そのヤンキースといえども、その後は彼らほどの選手を育てることはできていませんが、メジャーの球団はどこも独自の指導マニュアルと育成システムで日々、次の戦力の成長を促しています。

もちろん、指導マニュアルに則《のっと》って育成していても選手の成長が伴わない場合には、切られることになります。

そこが、一軍と二軍しかない日本のプロ野球との決定的な違いです。

42歳でも際立つ
イチローの存在意義

2014年にダルビッシュ投手が「先発ローテーション拡大案」を提言して話題になり

ました。

現在、どのチームも5人の投手でローテーションを組んでいるのですが、これを「6人に増やしたらどうか」というもの。彼は「中6日だと回復力が違うので、130球、140球投げても疲れない」と言います。

メジャーリーグは、1カ月で十何連戦は当たり前（労使協定で、最長23連戦まで）なおかつ、試合は延長無制限。野手の消耗は相当なものになります。

選手と球団の間にはインセンティブを含めたさまざまな契約条項があるので、登板数が減ることを「よし」としない投手もいるでしょう。肩や肘を守るためにローテーション投手を増やすのはいいアイデアですが、現実に取り入れられるかどうかは疑問が残ります。

1試合にベンチ入りできる野手は12、13人。野手の人数が少ないからこそ、マイアミ・マーリンズで控え外野手として起用されることが多いイチロー選手のような「いつでも戦える選手」は貴重なのです。

42歳の今シーズンも、代打でも先発出場でも、いい結果を残しています。「50歳まで現役で」と公言していますが、もしかしたら60歳になっても、彼ならプレーできるかもしれません。

私が対戦していた20代前半のころのキレはありませんが、衰えを周囲に感じさせないのがすごい。バッティング練習では以前と変わらず、ポンポン、スタンドに放りこんでいます。ただ、試合になったときの、投手が打たせまいとして投げる90マイルのちょっと動く速球やチェンジアップへの反応は鈍くなっています。

試合に臨む姿勢や故障が少ないことが評価されて、バックアップメンバーであるという前提で契約を結んでいるようですが、本人はいつでも試合に出る準備をしてプレーボールを待っています。だから、いい結果を出せるのです。

40人枠のロースター制で選手の意識が変わる

日本のプロ野球でも必要だと思うのが、40人枠のロースター（過去に一度試して、不評でなくなりましたが）です。

マイナーリーグでプレーする選手が目指すのは、メジャーのベンチに入れる25人。そこに入れる可能性があるのが40人のロースター枠です。

いま、ベンチに入っていないけれど、それと同等の実力を持つ選手という位置づけです。25人に入っていない残りの15人はマイナーのどこかのチームにいるわけですが、常にメジャーでのプレーを想定して準備をしているはずです。

ロースターに「入っている・いない」で、選手の意識に大きな差が出ます。「その他15人」は、気持ちの余裕を持ちながらプレーできます。

私は2003年、40人枠に入ったまま、マイナーチームで戦いましたが、焦りはありませんでした。

一方で、ロースター入りを目指す争いがあるから、選手たちは目の色を変えて、毎日試合に臨みます。

日本では一軍と二軍の線引きがあいまいで、激しい競争が生まれにくい環境にあります。球団の支配下選手が70人しかいないなかでどれだけ競争をさせるのか、その仕組みづくりが大きな課題ではないでしょうか。

どのチームにも、監督やコーチと関係の悪いベテランやチームのスタイルに合わなくなった選手がいます。

「高い金を出して獲った選手をよそのチームで活躍させたくない」と考えている人がいるかもしれませんが、「飼い殺し」できないシステムがあればと思います。二軍で出番がなくてくすぶっている選手が他球団で活躍できる方法もあっていい。「40人枠」はいい効果を生むのではないでしょうか。

元ホークスの大場翔太投手が、今シーズンから中日ドラゴンズでプレーしています。

「かつてのドラフト1位でも、働き場所がないならトレードに出す」ということ。

現在の投手陣は盤石だから、ひとりくらい抜けても問題ないという判断をしたはず。もし、大場投手が活躍すれば、「それでよし」とホークスは考えているはずです。

第３章まとめ

- 「こうすれば強くなる」という答えを用意する
- 意識を変えるときは、タイミングが大切
- 瀬戸際のチームなら思い切った手が打てる
- チームの約束事を決めて確実にこなすのが第一歩
- 個人やチームが抱える課題を挙げ、どう克服するかを提示する
- 監督は選手の持つ能力を試合でコーディネートする力も必要
- 有望選手をスカウトしながら、いまの戦力の底上げをはかる
- チームの成長曲線が見えていれば焦りはない
- 「1年でできること」、「2年でできること」、「3年でできること」を分ける
- 自分の考えを選手レベルに合わせて伝える
- チームに合った選手を獲得し、指導マニュアルに沿って育てる

第4章

勝てる
リーダーの条件

選手のよさを理解して才能を活かす

第3章でラグビーの清宮監督とメジャーリーグのチームづくりを見ていきましたが、この章では私の恩人ともいえる監督に教えられたことをもとに、「勝てるリーダーの条件」に迫ります。

私はこれまで、野球選手として、多くの監督とともに戦ってきました。何人ものチームリーダーの背中も見ました。

チームを率いるリーダーには、何が必要なのでしょうか。

ひとつは、選手のよさを理解したうえで、その人の才能を活かすこと。

これは、悪いところに目をつぶるのとは違います。

欠点は欠点だと指摘したうえで、そこをきちんと直せる人こそがリーダーにふさわしいと思います。

強いチームは「まとまる」もの

私がプロ野球の世界で44歳までプレーして、117勝をあげることができたのは、早稲田大学時代の恩師、石井連藏監督のおかげです。

「何が何でも、4年間、野球を続けること」

私が野球部の門を叩くときに心に決めていたのは、このことだけ。大学で優勝したいとか、何勝したいとか、プロ野球選手になりたいなどとは少しも考えていませんでした。

入部する前から、早稲田大学野球部が厳しいところだと知っていました。自分の実績が乏しいことや二浪したことを考えると、名門野球部のユニフォームを着て神宮球場に立てるとは思えませんでした。

だから、「続けること」を目標にしたのです。

ところが、一年春のシーズンから幸運に恵まれました。バッティング練習で投げる姿が当時、飯田修監督の目に留まり、ベンチ入りできることになったのです。

そして次の目標は、「早慶戦で完封すること」。

二年の秋季リーグ戦で、これを達成した私の前に、「鬼の連藏」が現れました。

1958年に25歳で母校の第9代監督に就任した石井連藏監督は、飛田穂洲《すいしゅう》先生譲りの「精神野球」で選手たちを厳しく指導したことで知られていました。60年に、歴史に残る「早慶6連戦」を制した伝説の監督です。

石井監督が二度目の監督に就任する前の早稲田大学野球部は、低迷期にありました。5年以上もリーグ優勝から遠ざかるということは早稲田大学の歴史では考えられませんでしたが、チームはなかなか勝てませんでした。

石井監督は低迷するチームを学生野球の正しい姿にもどすために、早稲田に復帰してきたのです。

三年の秋のシーズン中、こう言われました。

「次はおまえがキャプテンだ。ＯＢは反対するかもしれないけど、反対されてもオレはキャプテンにしたい。おまえがチームを引っ張っていけ」

四年生が抜けて私たちが最上級生になったとき、第79代主将に指名されました。

主将になってから石井監督にこう言われました。

「チームをひとつにまとめようとしなくていい。強いチームはまとまるものだ」

敵にも味方にも絶対に隙を見せない

当時、グラウンドのレフト後方に馬術部の練習場があり、毎日馬が走っていました。

「あの馬よりも走らなければいけないよ」と言われれば、ずっと走り続けました。

プロに入ってから体力的な不安をまったく感じなかったのは、このときの練習があったからです。

「四の五の言うな。黙って背中で示せ!」とよく言われたものです。

だから私は、言葉よりも態度で、率先して示すようにしました。

試合に勝ったら勝ったで叱られ、負けたら負けたで烈火のごとく怒られ……「キャプテンとはそういうものだ」と教えられました。

キャプテンがしっかりしていなければ、勝てる試合も勝てない。「特に早稲田のキャプテンはそういうもんなんだよ」といつもきつく言われました。

石井監督に教わったのは、野球に対する心構え。

ものごとに対するとき、最初に何をしなければならないのか。

どういう気持ちで接するのか。

中途半端ではいけないというのは当然のこと。研ぎ澄まされた感性がいつも必要なのだと知りました。

もうひとつは、「絶対に隙を見せてはいけない」ということ。

敵に対してはもちろんですが、味方に対しても同じこと。選手として隙を見せた瞬間、相手につけ込まれてしまう。

どんなにつらい状況でも、隙さえ見せなければ互角に渡り合えるのだと教えてもらいました。

勝つことでわかった「チームワークの意味」

私にとってもうひとり恩人を挙げるとするならば、この人しかいません。マリーンズでもメッツでも一緒にプレーしたボビー・バレンタイン監督です。

ボビーは1995年に千葉ロッテマリーンズの監督に就任しました。「メジャーリーグで最優秀監督賞を受賞した監督はどんな野球をするのだろう」と私は興味津々でした。

広岡達朗GM、バレンタイン監督のコンビはシーズン前から注目を集めたものの、開幕から4勝12敗というスタート。

5月には「バレンタイン監督は今年限り」という話が聞こえてきましたが、6月になってから快進撃が始まり、最終的には2位になることができました。

ボビーは私たちに対して、「こうしろ」とは一度も言いませんでした。選手が「こうすればいいんじゃないの?」と自分から考えるムードをつくっていました。

知らないうちに、自分たちで考えることができるチームになっていたのです。

目の前にはいくつかの選択肢があり、それを「自分でチョイスしろ」という指導スタイルでした。それで結果が出るように、選手をコントロールしていたように見えました。

日本の監督とは、環境づくり、雰囲気づくりという面でかなり違っていました。

チームのなかで一番変わったのは、選手が恐る恐るプレーしなくなったこと。

「結果を度外視して、まず自分のやれることをやりなさい。きみならできると思っているから、起用しているんだ。思い切ってやってごらん」

試合を重ねるごとに、選手は監督の考えを理解していきました。

優勝したオリックス・ブルーウェーブ（現バファローズ）には及ばなかったものの、パ・リーグ6連覇を狙ったライオンズを押しのけての2位。Aクラスに入ったのは、85年以来、実に10年ぶりのことでした。

投手の防御率ランキングのトップ10には、伊良部（1位）、小宮山（3位）、エリック・ヒルマン（4位）が名を連ねました。

打撃部門では、堀幸一（2位）、フリオ・フランコ（3位）、初芝清（4位）、諸積《もろづみ》兼司（6

位）がランクイン。

多くの選手が最高の成績を残すことができたのは、ボビーのマネジメントのおかげです。ベンチにいる選手全員で勝利を目指すボビー流の采配はとても新鮮でした。シーズンを通してチームの形が少しずつできあがっていったことで「これがチームワークか！」と気づくことができた1年でした。

力を発揮できない人をどこまで我慢するか

このシーズンのマリーンズのように、選手がいい成績をあげ、チームの順位も上がれば文句なしなのですが、自分の成績がよくても順位が悪いことがあります。逆に、チーム成績はいいのに、個人成績が振るわないことも。

プロ野球は数字で実力をはかることができますが、どこまで正しい評価ができるかどうかはわかりません。好成績を残した選手ほど、シーズンオフの契約更改で揉めるものです。

私はそのひとりだったわけですが……。

プロ野球の場合、球団フロントかＧＭが正しい評価をする義務があります。

チームを運営していくにあたって大切なのは、「能力があるのに、いい成績を残せない人をどこまで我慢するか」です。

成果をあげた人に対しては、数字のまま報いてあげればいい。

「こんなはずじゃないだろう?」という人間への対処は難しい。その人の成果ではなく能力を評価して、我慢してチャンスを与えることができるかどうか。

私は選手時代に、「数字ではなく、能力を買ってほしい」と訴えていました。数字だけの評価では、十分ではない。弱いチームでは満足な数字（例えば勝利数）は、あげにくいからです。

野球はひとりでは、できません。

「自分の能力を証明したいので、試しに、ライオンズへトレードに出してください」

そんなことを言ったこともあります。

「ライオンズだったら、何勝できると思いますか」と。

ライオンズで活躍していた渡辺久信と同学年ですが、彼より数字は劣るかもしれないけれど、同等の能力はあると考えていました。

球団フロントには、渋い顔で、「そんなことを言われても困ります……」と言われました。そんなやり取りを繰り返したあげく、1999年オフにマリーンズから自由契約を通告されてしまいました。

いまはかなり改善されてきましたが、当時の査定はどんぶり勘定のようでした。選手に与える年俸には全員分の予算があり、チームのなかでバランスをとることが当たり前でした。残した数字よりも選手の格や序列が、幅を効かせていた時代です。全員が納得できる評価など期待できるはずがありませんでした。

年俸が選手の能力をはかるものだとすれば、予算が大きいチームが強いはず。ならば、予算が小さいチームに勝つことを期待するのは、おかしいと思っていました。

正しい評価ができる仕組みをつくる

もし、私が査定をする係ならどうするでしょうか。

選手が文句を言えない数字を並べて、それを根拠に選手の評価を出します。細かく数字を見ていけば、勝利への貢献度も敗戦に対する責任も明確になってきます。選手に「あれこれ」言わせない自信はあります。

私が1997年からマリーンズと複数年契約を結んだときに、「こういう算定方法はどうでしょう」と提案したことがあります。球団フロントは、それをかなり興味深そうに見ていました。

私はそのとき、3年間の複数年契約を結びましたが、契約している期間、3年なら3年、きっちり働かなければいけないやり方を提示しました。

1年目は単年の数字で査定します。2年目は単年の数字と、1年目と2年目のアベレージで評価を下す。3年目は3年間のアベレージと、単年の数字を組み合わせるというやり方です。

こうすれば、1年ごとの波が少なくなるし、「契約1年目だから手を抜くんじゃないか」という心配もなくなるからです。

3年間で一定の数字（例えば3年間で30勝）をクリアするというやり方であれば、1年目は5勝でも、残り2年で25勝すればいいと考える選手がいるかもしれない。逆に、1年目に15勝したら、あと2年で15勝すればいいと。

毎年いい成績を残してほしいと考える球団としては、深刻な問題です。

「複数年契約を勝ち取ったから1年目は働かなくてもいい」などと考える選手が出ないようにするための提案でした。

ほかの選手にこの方式が採用されたかどうかわかりませんが、私はこんなことを考えていたのです。

自分のためではなく、球団のための提案でした。

「もし自分ならこの方式でがんばれるだろう」と考えたのです。

ひとつのプレーを認めて褒めるのも評価

評価とは、お金のことだけではありません。

会社では、メンバーが納得できる評価をつけることもリーダーの仕事でしょう。これは本当に難しい。

部下の評価に頭を悩ませているビジネスマンは、多いのではないでしょうか。

プロ野球選手の評価は、シーズンオフの契約更改の席だけではありません。ひとつの試合、ひとつのプレーは、誰かに見られています。言葉に出すか出さないかは別にして、監督やコーチはいつも評価を下しているのです。

「この場面でいいプレーができるなら、もっとプレッシャーのかかるところで使ってみよう」

「点差があるときにはいいピッチングをするけれど、僅差の試合だと厳しいな」

「いつも丁寧に仕事をしているから、今度チャンスをやろう」

選手同士もお互いのプレーをしっかり見ています。

「敵にも味方にも隙を見せるな」という意味がここにあります。いいかげんな練習やプレーをしている選手は「そういう選手」に分類されて、信用されなくなります。

「ここ一番」の場面で、いいかげんなプレーで負けたくないと誰もが思うもの。だから、普段のプレーが大切なのです。

アマチュアではないので、「さっきのプレー、よかったね」と褒めることはあまりありませんが、いつも「見られている」と思ったほうがいいでしょう。

二軍落ちを告げられるときに「何が悪かったのかわからない」という選手は、かなり重症です。

私に言わせれば「見込みなし」。

誰もが納得する判断基準を定める

ひとつひとつのプレーに対して、シビアに評価できる人がいるかどうかで、チームの強さ、緊張感、まとまりが変わってきます。

監督やコーチ、キャプテンなど「評価する人」の基準が間違っていたら、チームは必ずといっていいほど、おかしな方向に進んでいきます。

たったひとつのミスを見過ごすのか、厳しく追及するのか。

怠慢プレーをした中心選手をどう扱うのか。

規律を乱す行為や発言があったら、どう対処するのか。

そのとき、リーダーが何を言うのか、どんな行動をとるのかによって、チームは大きく変わるでしょう。

チーム自体がひとつの生き物です。「腐ったみかん」をそのまま放置したら、ほかのところも腐るかもしれません。リーダーの対応ひとつでチームがまとまることもあれば、崩壊することもあります。

私は何度もそんな場面を見てきました。

一度崩れ始めると、止めるのは至難の業です。

そうならないためには、チームの誰もが納得する判断基準を定めるべきです。

きちんとした規律と判断基準があれば、チームは前に進むもの。勝負の世界ですから、勝ったり負けたりの繰り返しですが、苦しいときでもしっかり踏ん張れる組織になるのです。

生まれつき、「褒めるのがうまい人」はいるかもしれませんが、「適切な判断ができる人」になるためにはやはり経験が必要です。

多くの人と一緒に戦い、喜びや苦難をともにしながら、磨かれる能力です。

リーダーにとって、「適切な判断力」は絶対に欠かせません。

弱いチームの責任は監督にあるのか

プロ野球で、各リーグの上位3チームずつで戦うクライマックスシリーズが行われるようになってから、多くのチームが最後まで希望を持って戦うことができるようになりました。昔は消化試合が数多くあり、シーズン後半のスタンドは閑散としていました。私は、成績の悪いチームの悲哀を感じたものです。

弱いチームは、誰に責任があるのでしょうか。監督やヘッドコーチが責任を取らされクビになることが多いのですが、本当に彼らのせいなのでしょうか。

もちろん、監督だけの責任とは言えません。

一番悪いのは、「何が悪いかわからない」状態。

監督やヘッドコーチのクビを切れば問題が解決するのならば、そうすればいい。しかし、ほとんどの場合、トカゲの尻尾切りで、何かが改善されることは少ないように思います。

能力も経験もない監督に最下位からの優勝を期待する。

ローテーションにも入ったことがない投手にふたケタ勝利のノルマを課す。

1年を通して一軍でプレーしたことのない選手に四番を打たせる。

先発しかしたことのない投手を抑えの切り札として起用する。


その人ができもしないことをやらせようとするから、いろいろなところが狂ってくるのです。

「ホームランを50本打て」と言われても、ほとんどの選手には不可能です。

目標は、確かな現状認識に則って、設定されなければ意味がありません。

「はじめからできてしまう人」よりも「できない人」の強み

スポーツの世界にはよく、「はじめから何でもできる人」がいます。あまり考えないで「はじめからできてしまう人」は、監督には向いていないのかもしれません。

チームのなかには2割くらい「何でもできる人」がいますが、その他の8割は「うまくいかない人」です。彼らは、リーダーのアドバイスや指導がなければなかなか前に進めません。

そんなとき、「はじめからできてしまう人」は、彼らにどんな言葉をかけるのでしょうか。「オレみたいにやれ！」と言ってもできません。「どうしてできないんだ？」と怒っても、問題が解決するはずがありません。

そのときどきの、相手の状況に合った助言ができるかどうか。

未熟な人のレベルまで近づいていって、手を差し伸べることができるかどうか。

リーダーに、自分で苦労をしながら「うまくいかないこと」をクリアした経験があれば、引き出しから適切なものを出すことができるでしょう。

もし「自分はダメだ……」とリーダーの資質に欠けていると悩んでいる人がいたら、逆にチャンスです。時間をかけて苦労したことがきっと誰かの役に立つからです。いま「引き出しを増やしているんだ」と考えるのも「アリ」です。

「自分で決める勇気」を持て

30代、40代の中間管理職の人に身につけてほしいのは、「決断力」です。

これは、どんな仕事をしていても、必ず求められるもの。

情報に限らず、さまざまなスピードが速くなっているいま、なかなかじっくり考えることはできません。状況がすぐに変化していくからです。

さっき「正解」だったことが、時間が経ったことで「不正解」になることがあります。

どんなに小さなことでも、決断しなければ先に進めません。課長には課長の、部長には部長の、社長には社長の決断が必要になります。

判断に悩んだとき、自分に対して自信を持てる人は、迷いなく決断できると思います。

どこかに不安を抱えたまま決断を先送りにすると、自分にとっても組織にとってもマイナスになります。

常日頃から、ぶれない決断を下せるように準備を怠らないこと。

「自分で決める勇気」を持ってほしい。

時間的なリミットのない決断はおそらくないでしょう。何時間後、何日後かには決断をしなければならない。もし、時間内に決断できないようであれば、誰かに判断を委ねることも大事だと思います。

決断とは、「白黒つける」だけではありません。「私ではダメです」というのもひとつの決断でしょう。

上司に判断を委ねることも視野に入れたうえで、いろいろなことに対して瞬時に自分で決断するように常日頃から準備をすること。自分には「何ができるのか」「何ができないのか」の現状認識も必要になるでしょう。

「自分が頼りにするもの」は何なのかを知る

自分が思い切って決断するためには、何が必要なのか。データなのか、過去の実績なのか、誰かの意見なのか、先々の見通しなのか……を知ることが重要です。「何がわからないのかがわからない」ままでは、いつまで経っても決断することはできません。「自分が頼りにするもの」は、人によって違っていいのです。

大切なのは、人任せにしないで、自分で考えること。「どうしましょう？　どうしましょう？」と言っていても、決断力が身につくはずはありません。

確かな決断を繰り返していくうちに、よい評価を受けるようになれば、「ここはおまえに判断を任せる」となるのだと思います。これは、能力を認められたということです。正しい組織ならば、その人の能力に応じてポジションが用意されるはずです。

プロ野球におけるキャプテンの役割

第3章のヤンキースのところで「キャプテン」ジーターについて触れましたが、プロ野球でも多くのチームがキャプテンを置いています（広島東洋カープ、オリックス・バファローズ、東京ヤクルトスワローズ以外)。

ホークスの内川聖一《せいいち》選手、ジャイアンツの坂本勇人《はやと》選手、阪神タイガースの鳥谷敬《たかし》選手、ベイスターズの筒香嘉智《つつごうよしとも》選手などがキャプテンとしての重責を担っています。

キャプテンは、グラウンドでチームの先頭に立って戦う姿勢を見せる人。チームが流れに乗って進んでいるときにはあまりやることはないのですが、苦しいときには彼らの存在意義が問われます。

最近は、若手のリーダーが任命されることが目立ちます。

彼らがどんな働きをするのか、どんなリーダーシップを発揮するのかをじっくり見守りたいと思っています。

第４章まとめ

- 欠点は欠点だと指摘したうえできちんと直す
- 強いチームはまとめなくても自然と「まとまる」
- 言葉よりも態度で、率先して示す
- 敵にも味方にも絶対に隙を見せない
- 勝つことで「チームワークの意味」がわかる
- いいかげんな練習やプレーをする選手は信用されない
- 「評価する人」の基準が間違っていたら、チームは崩れる
- リーダーにとって「適切な判断力」は絶対に欠かせない
- 一番悪いのは「何が悪いかわからない」状態
- 人任せではなく、「自分で決める勇気」を持つ
- 「自分が頼りにするもの」は何なのかを知る

第5章

堕落した組織を戦えるチームに

しっかり足元を見つめて自分の能力を把握する

19年間もプロのチームに所属しながら一度しか優勝できなかったことは、すでに書きました。堕落したチームはどうすれば勝てるチームに、強いチームと互角に戦えるようになるのでしょうか。

「こうすれば勝てるかもしれない」

そう思わせてくれたのは、1995年のボビー・バレンタイン監督でした。

それまでは、上位チームの真似をして、できもしないことばかりをやろうとしていたのですが、このシーズンは「できることを確実に」と考えながら戦いました。

正しい現状認識をして、他チームと比べてどこが劣っているのか、武器になるものは何なのか。そこをしっかりと見定めながら戦ったことで、2位に躍進することができたのです。

あのときボビーが教えてくれたのは、しっかりと足元を見つめること。

いましなければならないことは何なのか――自分たちの能力を正しく把握したうえで「どう戦うか」を真剣に考えました。

何をするべきか、何をしてはいけないのか

1990年代前半から半ばにかけて、セ・リーグで優勝争いの中心にいたのがスワローズでした。

野村監督は「1年目に種を蒔《ま》き、2年目に耕して、3年目に開花させる」と公言していましたが、監督就任3年目の92年にリーグ優勝、93年に日本一に。野村監督は低迷するチームを常に優勝争いができるチームに成長させました。

そのころ、野村監督のもとで選手としてプレーをしていた尾花髙夫さん（現読売ジャイアンツ投手コーチ）が、マリーンズのコーチに就任しました。野村監督が提唱する「弱者の兵法」を知る尾花さんが、野村監督の考えを資料として提供してくれました。

「野村ノート」をもとに、何をするべきか、何をしてはいけないのかを学びました。そのおかげで、自分で考える力が身についたのです。

野村スワローズの真ん中にいたのが、捕手の古田でした。

同じ昭和40年生まれということ、彼が労働組合日本プロ野球選手会の会長をつとめていたときに私が副会長をつとめていたこともあって、シーズンオフに会うたびに野村監督の考えを聞くことができました。

野村監督がスワローズを戦う集団に変えた方法とボビーがマリーンズを飛躍させた手法をベースに、「こうすれば強いチームができる」という仮説が自分のなかでできあがりました。どんなに強い相手であっても、「嫌だな」と思わせる戦い方はできる。

事実、あの強かったライオンズが私との対戦を露骨に嫌がるようになっていました。オールスター戦のとき、現在マリーンズの監督をつとめている伊東さんに「ロッテじゃなかったら、もっと勝てるぞ」と言われたこともあります。

私は悔しい思いで聞いていましたが、同時に最大級の褒め言葉だとも感じました。他チームからの評価は上がっても、チームは勝てません。

自分のなかでは「勝ちたい」という思いが強くなるのに、私だけの力ではどうしようもありません。

選手同士で刺激し合い、お互いを高め合うことも不可能ではありませんが、プロ野球の世界では高校野球のようにはいきません。

能力が乏しい選手に高いリクエストをしても、なかなかできません。何も考えずにノホホンとしている選手の尻を叩いても何の効果もない。

私が見てきたなかでは、チームの半数以上が「何を考えているのかわからない」という感じでした。低迷しているチームにはいい人材が不足していて、競争原理がうまく働かないのです。

能力があっても伸び悩み、開花させることができずに選手はユニフォームを脱ぐことになります。残念ですが、それが現実です。

「自分だけでできる」は大きな勘違い

マリーンズに黒木知宏が入団したのは、１９９５年のことです。その年に5勝をあげ、98年には最多勝と最高勝率のタイトルを獲得し、チームだけでなく、リーグを代表するピッチャーになりました。

しかし、このころの黒木は間違った方向にエネルギーを使っているように見えました。「オレはすごいんだ」「自分のすごさを見せてやる！」と思って投げていたのではないでしょうか。試合後に「やっぱりオレはすごかったなあ」と満足して一日が終わる。

ピッチャーとしてはけっして悪いことではありません。「欲」や「我」も大事なもの。しかし、繰り返しになりますが、野球はひとりでできるものではありません。

「自分だけでできる」というのは、いろいろな勘違いのもとになります。

私がベイスターズとメッツでプレーして、またマリーンズにもどってきたときには、肩を壊して、かつての黒木ではありませんでした。

ボールを投げられない時期に野球人生を振り返って、反省もしたでしょう。「野球人とは？」とも考えたのではないでしょうか。そこで苦労したことが、いまコーチとして活かされているはずです。

個人の成績はチームのためになっているのか

ノホホンとしている選手もいれば、まじめが取り柄の人、「オレが、オレが」という選手、他人のことを気にしない人……いろいろなタイプがチームにはいます。

監督、マネージャーは「こういうチームをつくりたい」と考え、思い描いたチームをつくるためにどんな人材を集め、どう活用するかを考えるもの。ひとりひとりの能力や性格を考えて、統率しなければなりません。

野球には、さまざまな数字がついて回りますが、数値や数字に表れないものを大事にするべきだと私は思います。

世の中は成果主義が当たり前になって、数字ですべてをはかろうとしますが、それだけでは見誤ることがあるからです。

先ほど例に挙げた若き日の黒木のように「オレ中心に動いている」と思う人もいるでしょう。もし営業マンがいくら大きな契約をとってきても、彼だけの力ではありません。営業としての能力は認められるべきですが、同じ組織にいる人が陰でどれだけ支えているかを考えてほしい。

プロ野球では、どこのチームでもいい成績を残せるだけの能力を有する選手はいますが、個人成績が本当にそのチームのためになっているかどうかに疑問符がつく場合があります。成績だけではなく、数字に表れにくい貢献度も大切です。

１９９０年代半ば、ジャイアンツの長嶋茂雄監督が四番打者をいくら集めても勝てませんでした。主役だけではうまく回らないのが野球という競技のおもしろいところ。あのとき、長嶋監督が「四番打者を並べたチームをつくりたい」と考えたのなら、構想通り。問題は、思ったほど勝てなかったことです。

毎年行われるオールスター戦では、各チームのスター選手がラインナップに名を連ねます。ファンが望むチームができあがるかもしれませんが、強いチームができるとは限りません。「野球選手のすごさを見る」という目的なら、それでいいと思いますが……。

弱いチームは目標設定が難しい

何年も何十年も優勝から遠ざかっていても「今年は優勝を目指します」と言うのは、プロスポーツのお約束事のようなもの。「寝言を言うな」と言われても、そう言わざるを得ません。

しかし、前年の最下位チームが優勝を目標に掲げても、どれだけの選手が本気でそれを目指すでしょうか（最下位から優勝という例はいくつもありますが）。

あまりにも現実感のない目標では、選手のモチベーションを上げることはできません。

個人の目標を設定する場合、「チームの優勝にどれだけ貢献できるか」が大事なのです。

いろいろなタイプの選手がいることを把握したうえで、監督やマネージャーなどがチームを編成するわけですが、その責任者の能力が高ければ高いほどチームは強くなるし、反対ならば勝つことはできません。

将棋は、同じ駒を同じように配置した者同士が戦うものですが、指し手次第で駒が自由に動いたり、すぐに死んだりします。野球も同じで、指し手である監督やマネージャーが大事なのです。

チームの目標も大事ですが、それに選手をどうコミットさせるか。「勝つために何をするか」「何でチームに貢献するか」を確認する必要があるでしょう。

たとえ、ホームランを50本打ったとしても、勝利への貢献度が低ければ本数ほどの価値がないことになります。

献身的なプレー、目立たない働きにこそ、目を配ることが大事なのです。

ボビーの監督復帰で再び戦う集団に

1995年、ボビー・バレンタイン監督に率いられマリーンズが2位に躍進したことはすでに述べました。しかし、ボビーはわずか1年でチームを離れ、別の監督が指揮をとることに。

96年は江尻亮《あきら》監督で5位、97年、98年は近藤昭仁監督で2年連続最下位に沈みました。99年に山本功児《こうじ》監督が就任しても、マリーンズはBクラスのまま。弱いチームにもどってしまいました。

私は、昔から自分が主張してきたことに球団が賛同してくれなかったから、長く低迷が続いたのだと考えています。

「球団に勝つ気があるのならそれを示してほしい」と言い続け、「ボビーをもう一度呼びもどす気はないのか」と問いただした私は、99年のシーズン後に解雇されました（私は2000年と01年、ベイスターズのユニフォームを着ました）。

マリーンズが強くなるのは、ボビーが監督としてもどってきた04年。彼のプランを球団がバックアップするようになってからです。

02年にメッツでプレーしたあと、1年間浪人し野球解説者をしていた私は、ボビーに誘われる形で、再びマリーンズのユニフォームを着ることになりました。

１９９９年のシーズン後に退団して４年、わずか４年の間にチームは様変わりしていました。いい方向に変わったのか、悪い方向に変わってしまったのかわかりませんでしたが、まったく違うチームになっていました。

以前の私は、ほかのチームと戦うときにマリーンズの前面に立っていたのですが、もうそんな仕事をする必要はありませんでした。選手ではあるけれど、監督に近いところでチームに貢献することを考えていました。

「やりやすいようにやってくれ。最大限バックアップするから」と球団に言われていたボビーは、前回の監督時とは違い、かなり任されている感じがありました。

監督1年目の２００４年は、65勝65敗３分で勝率５割。首位から12・５ゲーム差の４位に終わりましたが、「バレンタイン監督が目指す野球」は選手たちに浸透していました。

初芝、堀、諸積など１９９５年にボビーと一緒に戦ったメンバーはまだ残っていました。監督の考えを理解しているふたりの外国人、ベニー・アグバヤニとマット・フランコがいたのも大きかった。

西岡剛《つよし》選手（現阪神タイガース）、今江敏晃《としあき》選手（現東北楽天ゴールデンイーグルス）など若い選手が台頭していて、チームの骨格ができあがりつつあったので、私も「これはいける！」と感じていました。

快進撃を続けても監督の姿勢は変わらない

２００５年のマリーンズは飛躍のときを迎えていました。清水直行、渡辺俊介、小林宏之（現ＢＣリーグ　武蔵ヒートベアーズ監督）、久保康友（現横浜ＤｅＮＡベイスターズ）など先発ローテーションが充実し、抑えには小林雅英（現千葉ロッテマリーンズ投手コーチ）がドンと構えていました。

開幕から快進撃を続け、３月・４月は21勝７敗、５月は17勝９敗で、この時点で貯金22。勝っていても負けが続いても、ボビーの選手への接し方は変わりませんでした。

首位をひた走るホークスを捕まえることはできませんでしたが、レギュラーシーズン２

位でプレーオフへの出場権を獲得しました。Ａクラスに入ったのは、ボビーが初めて指揮をとった１９９５年以来のこと。

プレーオフのファーストステージでライオンズを撃破。セカンドステージでホークスを下して、31年ぶりのリーグ優勝を手にしたのです。

私には「プレーオフという制度がなかったら優勝できなかった」という思いがあり、優勝の瞬間も冷静でしたが、川崎球場時代から苦労してきたコーチや裏方さんが号泣しているのを見て、私ももらい泣きしてしまいました。

川崎球場時代のことを考えれば、優勝は奇跡のようなものでした。

監督の胴上げが終わって少し時間が経つと、喜びとは別の感情が湧きあがってきました。

「どうしてこんなに時間がかかったんだ！」という怒りでした。

監督の力でチームは変わる

もしボビーが監督としてもどってこなければ、マリーンズの低迷はもっと長く続いていたでしょう。日本シリーズでタイガースに4連勝して日本一になりましたが、それもきっとかなわなかったはずです。

ボビーは選手ひとりひとりの能力、性格を把握したうえで、周到に準備をしていました。采配がズバズバ当たるので「ボビー・マジック」と騒がれましたが、すべては準備があったから。

マジックではありませんでした。

ボビーは打順や出場選手を、その日によって変えていました。相手のピッチャーとの相性や打線のバランスを考慮したうえで、あらゆる場面を想定して試合に臨みました。

もし、実際にプレーする選手が思うように動けなかったら、その時点で負けです。ボビーは選手が動けるものと予測して、適材適所に配置する監督でした。

監督の力で、チームが変わることをボビーが教えてくれました。

東大野球部はこうすれば強くなる！

東京大学野球部の連敗が94でやっと止まったことが話題になったのは、２０１５年5月。

東京六大学リーグは、早稲田大学、慶應大学、明治大学、立教大学、法政大学、東京大学の６つの大学で戦いますが、東大以外は甲子園常連高校出身のエリートばかり（もちろん、そうではない選手もたくさんいます）。

東大野球部は他大学の選手と比べれば、高校時代の実績も実力も経験も大きく劣っています。だから、４年以上も連敗が続いていたのです。

圧倒的な実力差の前では、負けることは仕方がないと多くの人が考えていますが、私はけっしてそうではないと思います。

各都道府県にある、学力が高くて野球の強い高校に行って、「東大野球部で4年間がんばるとこうなります」と示せばいい。

野球部ＯＢにはＮＨＫの元キャスターの大越健介さんもいます。元プロ野球選手で、ホークスで球団経営に携わった小林至も、ファイターズでＧＭ補佐をしている遠藤良平もいます。衆議院議員の階猛《しなたけし》も私と同時代に神宮球場で戦った選手です。

「こういう道もあるよ」と示すことで、野球の能力があり、学業も優秀な選手が門を叩いてくれるはずです。

東京六大学リーグはアマチュアの世界で有名ですが、甲子園ほどではないでしょう。東大野球部の魅力を伝えることで、いい選手が集まる可能性がグッと高まります。

東大に入れるだけの学力とそれなりの野球の能力を持った選手はもっとたくさんいるはずです。高校時代に学業優先の生活を送ったために技術的に未完成の選手も、４年間の練習で大きく伸びるかもしれません。

２０１５年の選抜高校野球に松山東高校（愛媛）が出場して話題になりましたが、各県に一校か二校は文武両道を実践している高校はあります。在校中に「東大野球部に入る」という意識を植えつけていけばいいのではないでしょうか。

他の５大学は、入試制度を変え、積極的にスカウト活動をし、実力のある選手を迎え入れるためにさまざまな努力をしています。

東大野球部も、他大学との違いを踏まえたうえでさらなる工夫をして、いい人材の確保につとめれば、いま以上に有望な選手が集まってくるはずです。

実際に、浜田一志《かずし》監督が積極的に練習会を開いて、高校生に対して啓蒙活動を続けているそうです。塾経営者でもある浜田監督の地道な努力によって、少しずつ効果が表れています。

頭のよさを野球で活かす方法

エースの宮台康平投手（湘南高校出身）がすばらしいピッチングをしたことで話題になりましたが、早稲田大学野球部ＯＢの谷澤健一さんが特別コーチとして指導をされていることもあり、打撃力も向上しています。

東大生の頭のよさは他を大きく引き離していますが、頭のなかにあるイメージ通りに体を動かすというコーディネート能力は授業では学べないもの。これは専門的にトレーニングする必要があるでしょう。

専門的に研究している人が東大の研究室にいるならば、教えを請えばいい。そこにあるものは全部使ったほうがいい。

東大の持つポテンシャルのすべてをかけて野球部の強化をはかっているかというと、まだそのように思えません。ならば、まだ強くなる可能性は残されています。

「文武両道」という言葉がありますが、「文」も「武」も、両方とも高いレベルを求められるチームはそう多くありません。東京六大学の一員である東大野球部は、アマチュアで最高レベルの野球をする環境が与えられています。

持ち前の頭脳を駆使して、野球部にすべての力を結集すれば、再び「赤門旋風」を巻き起こすことは夢ではありません。

4年間、野球にすべてをかける覚悟はあるか

六大学による対抗戦なので、どれだけ負け続けても、1シーズン10試合は戦うことができます。実戦経験を積み、トライ&エラーを繰り返すことでいろいろなことを試すことができるでしょう。「また、負けた……」と漠然と戦うのではなく、実戦を有意義に使ってほしい。本当にピリピリとした緊張感のある試合を続けることで、技術が向上し、メンタルが鍛えられるのです。

もし私が東大野球部の監督として本気で優勝を狙うのならば(早稲田OBなので可能性はありませんが)、二年生から四年生には申し訳ありませんが、一年生をメインで起用します。4年計画で強化して、最後の秋に勝負をかけます。

4年かけて神宮でプレーできる選手にするのではなく、一年生のときから徹底的に鍛えて「東京六大学基準」まで育て、そのあとに経験を積ませていけばおもしろいチームにな

ります。

もちろん、この計画を貫こうとするならば学業を犠牲にしなければならないでしょう。彼らに、そこまで野球にかける覚悟があるかどうか。

2010年に文化庁の登録有形文化財に指定された東大球場には、新人工芝が敷設されています。設備に関しては、他大学を凌駕するほど。

東京大学のポテンシャルは、私立大学の野球部にとって大きな脅威です。15年に秋季リーグ戦で法政から1勝、16年の春季リーグ戦でも明治から1勝、立教から1勝、法政からも1勝をマークしました。彼らは着実に力をつけています。

勝利の味を知る宮台康平投手、柴田叡宙《あきひろ》投手（洛星高校出身）は現在三年生。ほかにも三年生に有望な選手がいます。

早稲田大学野球部のOBとしては複雑な気持ちではありますが、東大野球部の変化に注目しています。

第5章まとめ

●自分の能力を正しく把握して「どう戦うか」を真剣に考える
●何をするべきか、何をしてはいけないのかを学ぶ
●どんなに優秀な人でも「ひとりでできること」は限られている
●主役だけではチームはうまく回らない
●現実感のない目標ではモチベーションが上がらない
●献身的なプレー、目立たない働きに気を配ることが大事
●勝っていても負けが続いても、選手への接し方を変えない
●ひとりひとりの能力、性格を把握したうえで周到に準備をする
●「勝つために何をするか」「何でチームに貢献するか」を確認する
●組織のポテンシャルのすべてをかけて強化すれば強くなる
●緊張感のある試合を続けることで、技術が向上しメンタルが鍛えられる

第6章

勝てるチームのつくり方

［日本代表編］

日本代表にふさわしい戦いができたか

ここまで、「最強チームとは、何か?」「弱いチームの共通点」「強いチームをつくる前にすること」「勝てるリーダーの条件」「低迷するチームを戦う集団に変える方法」を述べてきました。

第6章と第7章では具体的な例を挙げながら「勝てるチームのつくり方」を考えましょう。

まずは、日本代表チームから。

初めてプロ野球選手がオリンピックに出場したのは、2000年のシドニー大会(プロ・アマの混成チームで4位)。プロ選手だけで臨んだ04年のアテネ大会は3位、08年の北京大会は4位に終わりました。国際ルールへの対応のまずさ、急造チームで戦うことの難しさもあり、不本意な成績が続きました。

06年に初めて行われたWBC(ワールドベースボールクラシック)では、イチロー選手などメジャーリーガーの活躍もあって見事に優勝。09年には連覇を果たしましたが、13年の第3回大会は準決勝で敗れました。

小久保裕紀《ひろき》監督率いる「侍ジャパン」は15年11月、「世界野球WBSCプレミア12」に出場し、準決勝で韓国代表に逆転負けを喫し、3位に終わりました。

いずれの大会も優勝を期待されましたが、厳しい戦いと結果が待っていました。勝負には「勝つか」「負けるか」しかないので、当然、勝つこともあれば、負けることもあります。問題は日本代表にふさわしいメンバーを集めて、その名に恥じない戦いができたかどうかではないでしょうか。ここでは過去の大会の敗戦を振り返ることはしません。「今度、どのようにチームを構成すればいいのか」に絞って考えていきます。

代表チームの重みがわかる選手を集める

一番大切なことは、代表チームとは日本という国のトップチームなのだということを、この国で野球をしているすべての人間が理解する状況をつくること（大会の歴史や開催方法などいろいろな問題があるかもしれませんが、それはいったん脇に置きます）。

サッカーの日本代表に比べると、野球の代表チームのステイタスはかなり落ちます（もちろん、ワールドカップのほうが長い歴史があるからですが）。

ＮＰＢ（日本野球機構）をはじめ、さまざまな方々が「侍ジャパン」を根づかせようとがんばっていますが、まだまだ。野球を始めたばかりの小さな子どもに「夢は？」と聞いたら「侍ジャパンのユニフォームを着ること」と言わせるようにならないと。

そのうえで、代表チームの重みをしっかりと感じられる選手を選ぶというのが大前提です。国を代表して戦うことがどういうことなのか、どれだけ貴重なことなのかを選手には考えてほしい。

日の丸の重みは相当なもののはず。ユニフォームに袖を通すときに身震いするくらいでないといけません。果たして、そう感じている選手がどれだけいるでしょうか。

サッカーのワールドカップのように4年おきに、本大会とその予選がスケジュール通りに行われるのならば、将来を見据えて若い選手を呼ぶのは、当然「アリ」です。

１９９８年ワールドカップの前に、当時、10代の市川大祐選手（現ＪＦＬ　ヴァンラーレ八戸）を岡田武史監督がA代表に選んだように。市川選手がその後代表チームで活躍できなかったのは残念なことでしたが、狙いはよくわかります。

「このメンバーがいまのベストです」と、選んだ側がはっきり言える選び方をしなければならないでしょう。単純に「いい成績を残しているから」や「人気があるから」で決めることはできません。

もし私が代表メンバーを選抜する大役を仰せつかったとするならば……ということで話を進めていきます。

選手の「いまの能力」を見極めて起用できる人

はじめにすることは、監督選びです。

監督を決めて、「どんな野球をしたいのか」を聞きます。アメリカ、キューバ、ドミニカ共和国、プエルトリコ、韓国などとどう戦うのか。そのイメージを聞いて、戦い方に合った選手を探します。

監督を選ぶ条件は、選手をきちんとコントロールできる、マネジメント能力があること。実際に持っている力を評価して選びます。

大切なのは、選手の「いまの能力」を見極めて起用できる人。

代表チームには当然、各チームのスター選手が多く集まるでしょう。普段、自分のチームで気ままに振る舞っている人も、代表でも同じでは困ります。

代表チームでは、代表チームの規律に合わせて行動してもらわなければなりません。もしかすると、選手がストレスを感じることもあるでしょう。そのとき、不平不満が出ても選手を納得させるだけの信頼関係を築けるかどうか。

WBCの第1回大会で「世界の王さんに恥をかかせるわけにはいかない」と選手たちが結束したと聞いていますが、あれは王さんだからできたこと。ですが、ああいうふうにまとまるのが理想です。

王さんの後を受けた原辰徳さんも苦しみながら連覇を果たしました。第3回大会は最後の最後でダブルスチールに失敗して敗れましたが、ああいうミスの出ないチームづくりができる人に監督をお願いしたい。

選手を選ぶ基準を明確に

代表監督にふさわしい人は、誰なのでしょうか。

ひとりを選ぶとすれば原さんでしょう。2015年までジャイアンツで監督をつとめていたので、現場感覚があります。選抜するメンバーのことも、強みも弱点もよくわかっています。国際大会の経験も優勝した実績もあります。

私は、原さんは独善的な理由で選手を切り捨てることがない監督だと思っています。監督の考えを選手にきちんと伝えることができるヘッドコーチをどうやって選ぶのかは大きな問題ですが、そのあたりは監督の考えを尊重します。

「原監督の思い通りの野球ができること」が一番大事です。コーチともしっかりコミュニケーションがとれる監督なので「原さんの選んだ方で」となるでしょう。

やはり、あれこれ言葉を尽くすよりも「一を聞いて十を知る」を求めるのが日本人ですから。「あれでいくぞ」「いつものでʼ」とあうんの呼吸でわかり合えるのはいいことです。日本代表チームを選ぶにあたって、何通りかのチームができるだけの人材が日本球界には揃っています。いいピッチャーは山ほどいます。先発とセットアッパー、抑え、右投手と左投手のバランスなども大事ですが、あくまで第一に優先すべきは監督の戦い方。当然、「Aを選んでBを落とすのか」「Cが入るならDも入れないと」と外野からいろいろな意見が出るでしょう。しかし、監督が選手を選ぶ基準が明確であれば、何も問題はないはずです。

オールスター戦のファン投票結果のようなメンバー構成にはきっとならないでしょう。お祭りではなく実戦向きのチームを組みます。

「プレミア12」では、準決勝で負けたこともあって、「なぜ先発投手ばかりを選んだのか」「なぜ大谷をあそこで代えたのか」「なぜ最後は松井（裕樹《ゆうき》）じゃなくて、則本《のりもと》（昂大《たかひろ》）だったのか」と疑問が噴出していましたが、ああいう事態が起こらないように準備すべきでしょう。

どれだけ準備期間を設けても、代表は急造チームにならざるをえません。

普段戦っているチームと同じにはできませんから、いかに選手に気持ちよくプレーさせられるかが大切です。余計なストレスを排除するのは、監督の役目でもあります。私が監督にコーディネート能力を求めるのは、そういう理由からです。

脇役になってもチームを支えることができる人

代表チームでは、いくら実績のある選手でも、状況によっては脇役に回らざるをえなくなります。そのとき、そっぽを向いたり、戦いの輪から外れてしまう選手がいては困ります。第一条件として挙げた「代表チームの重みを感じられる人」であれば、出場機会に恵まれなくても、陰でサポートしたり、リーダーシップを発揮したりできるのではないでしょうか。

「誰かのために」と思えるかどうか。そう思えれば、働き方は自然と変わっていくはずです。

だから私は、「代表チームを大事に思っている人」以外は呼びたくありません。「呼ばれたから出てやろうか」という人は、最初からお断りです。

プロ野球のレギュラーシーズンなら、一時的にそっぽを向いていてもいいと思います。しかし、短期決戦では命取りになります。

国際大会という最高レベルの戦いでは、一瞬のミスでも取り返しがつきません。他の国は日本の強さを知ったうえで戦いに臨むわけですから、監督のもとで一致団結できる選手でないとチームにいる価値がない。

長いペナントレースに慣れたプロ野球選手にとって、短期決戦は相当やりにくいもの。クライマックスシリーズや日本シリーズでは毎回「逆シリーズ男」が出て、やり玉にあげられます。長丁場なら何度でもやり返すチャンスがありますが、短期決戦ではそうはいきません。

特にトーナメントは、いつもとは違ったプレッシャーがかかって戦いにくいのですが、それを選手に事前に理解させるのも監督の仕事です。長嶋茂雄監督がアテネオリンピックの予選前に、口を酸っぱくして1試合の重みについて発言されていたことを思い出します。

大事な試合に敗れるたびに「1敗の重み」について語られますが、それはあらかじめわかっていること。だから、正しい準備はできるはずです。負けてから1敗の重みに気づいても遅いのです。

個人の成績や人気で選ばれるのがオールスター戦。チームの形に合わせて、ふさわしい選手をはめこむのが代表メンバーの選び方です。

打率が高い、ホームランを何本も打っている、160キロの速球を投げるということとは別の話。その選手の人間としての素養、考え方も考慮すべきです。「日の丸のために戦う」のは、簡単なことではありません。

繰り返しになりますが、野球は四番打者を9人集めれば勝てるという競技ではありません。破壊力のある打線はできあがっても、打線として機能しなければ勝利はおぼつかない。宝の持ち腐れになる可能性があります。

1回から9回までをイメージしながら、バッターもピッチャーも、ふさわしい選手をバランスよくあてはめなければなりません。

戦術と約束事でチームは変わる

サッカーの日本代表メンバーの選び方が参考になるでしょう。

勝利のために指揮をとるヴァイッド・ハリルホジッチ監督は、各チームのスター選手を選ぶでしょうか。

自分が理想とするスタイルに合った選手を選び、テストマッチで自分の目が正しいかどうか、ほかのメンバーとうまくかみ合うかどうかを確かめます。

知名度や過去の実績は二の次。自分の考えるサッカーにマッチした選手を選ぶのです。

代表チームの場合、一緒に練習できる時間はほんのわずかしかありません。短期間に「合う・合わない」を判断しなければなりません。

そのためには、監督が考えるサッカーのスタイルと約束事、戦術をすぐに選手に理解させる必要があります。

もちろん、選手の能力に負う部分は大きいのですが、代表監督が「個人を束ねてチームとして機能させる力」は本当にすごい。

能力のある選手が、監督の指示通りに動くとこんなサッカーができるのかといつも感心しています（もちろん、すべての試合ではありませんが）。

サッカーでもラグビーでも、日本代表は死に物狂いで戦っています。

２０１５年のラグビーワールドカップで日本代表が世界中の注目を集めたのは、もちろん強豪国から勝利を重ねたからではありますが、戦う姿勢が認められたからでしょう。

「日本のために」「代表チームのために」という選手たちの思いが見る者の心を打ったのです。

20年には、東京でオリンピックが行われます。

野球の国際大会では「侍ジャパン」が結成され、強豪国との厳しい戦いに挑むことになります。

野球でも、観客の心を打ちふるわせる戦いができるのかどうか。

それはすべて、「チームのつくり方」にかかっていることは間違いありません。

シドニーオリンピック　日本代表　選手一覧（2000年開催）

ポジション	氏　名	所属球団
監督	大田垣耕造	東芝
コーチ	林裕幸	日石
	野村収	
	長崎慶一	
投手	土井善和	日本生命
	河野昌人	広島東洋カープ
	渡邊俊介	新日本製鐵君津
	吉見祐治	東北福祉大学
	石川雅規	青山学院大学
	山田秋親	立命館大学
	杉内俊哉	三菱重工長崎
	松坂大輔	西武ライオンズ
	杉浦正則	日本生命
	黒木知宏	千葉ロッテマリーンズ
捕手	鈴木郁洋	中日ドラゴンズ
	阿部慎之助	中央大学
	野田浩輔	新日本製鐵君津
内野手	松中信彦	福岡ダイエーホークス
	平馬淳	東芝
	中村紀洋	大阪近鉄バファローズ
	田中幸雄	日本ハムファイターズ
	沖原佳典	NTT 東日本
	野上修	日本生命
外野手	田口壮	オリックス・ブルーウェーブ
	梶山義彦	三菱自動車川崎
	飯塚智広	NTT 東日本
	廣瀬純	法政大学
	赤星憲広	JR 東日本

＊データは、当時のものを掲載してあります。

アテネオリンピック　日本代表　選手一覧（2004年開催）

ポジション	氏　名	所属球団
監督	長嶋茂雄	
監督代行	中畑清	
コーチ	高木豊	
	大野豊	
投手	清水直行	千葉ロッテマリーンズ
	岩瀬仁紀	中日ドラゴンズ
	黒田博樹	広島東洋カープ
	安藤優也	阪神タイガース
	三浦大輔	横浜ベイスターズ
	松坂大輔	西武ライオンズ
	上原浩治	読売ジャイアンツ
	岩隈久志	大阪近鉄バファローズ
	和田毅	福岡ダイエーホークス
	小林雅英	千葉ロッテマリーンズ
	石井弘寿	ヤクルトスワローズ
捕手	城島健司	福岡ダイエーホークス
	相川亮二	横浜ベイスターズ
内野手	小笠原道大	北海道日本ハムファイターズ
	中村紀洋	大阪近鉄バファローズ
	宮本慎也	ヤクルトスワローズ
	金子誠	北海道日本ハムファイターズ
	藤本敦士	阪神タイガース
外野手	福留孝介	中日ドラゴンズ
	谷佳知	オリックス・ブルーウェーブ
	村松有人	オリックス・ブルーウェーブ
	高橋由伸	読売ジャイアンツ
	木村拓也	広島東洋カープ
	和田一浩	西武ライオンズ

＊データは、当時のものを掲載してあります。

北京オリンピック　日本代表　選手一覧(2008年開催)

ポジション	氏　名	所属球団
監督	星野仙一	
コーチ	田淵幸一	
	山本浩二	
	大野豊	
投手	川上憲伸	中日ドラゴンズ
	岩瀬仁紀	中日ドラゴンズ
	田中将大	東北楽天ゴールデンイーグルス
	涌井秀章	埼玉西武ライオンズ
	成瀬善久	千葉ロッテマリーンズ
	ダルビッシュ有	北海道日本ハムファイターズ
	上原浩治	読売ジャイアンツ
	和田毅	福岡ソフトバンクホークス
	藤川球児	阪神タイガース
	杉内俊哉	福岡ソフトバンクホークス
捕手	阿部慎之助	読売ジャイアンツ
	里崎智也	千葉ロッテマリーンズ
	矢野輝弘	阪神タイガース
内野手	荒木雅博	中日ドラゴンズ
	中島裕之	埼玉西武ライオンズ
	宮本慎也	東京ヤクルトスワローズ
	西岡剛	千葉ロッテマリーンズ
	新井貴浩	阪神タイガース
	川崎宗則	福岡ソフトバンクホークス
外野手	村田修一	横浜ベイスターズ
	青木宣親	東京ヤクルトスワローズ
	森野将彦	中日ドラゴンズ
	稲葉篤紀	北海道日本ハムファイターズ
	佐藤隆彦	埼玉西武ライオンズ

＊データは、当時のものを掲載してあります。

第1回　ワールド・ベースボール・クラシック
日本代表　選手一覧（2006年開催）

ポジション	氏　名	所属球団
監督	王貞治	福岡ソフトバンクホークス
コーチ	鹿取義隆	
	武田一浩	
	大島康徳	
	辻発彦	
	弘田澄男	
投手	清水直行	千葉ロッテマリーンズ
	藤田宗一	千葉ロッテマリーンズ
	久保田智之	阪神タイガース
	黒田博樹	広島東洋カープ
	松坂大輔	西武ライオンズ
	上原浩治	読売ジャイアンツ
	薮田安彦	千葉ロッテマリーンズ
	和田毅	福岡ソフトバンクホークス
	藤川球児	阪神タイガース
	渡辺俊介	千葉ロッテマリーンズ
	大塚晶則	テキサス・レンジャーズ
	小林宏之	千葉ロッテマリーンズ
	杉内俊哉	福岡ソフトバンクホークス
	石井弘寿	東京ヤクルトスワローズ
	馬原孝浩	福岡ソフトバンクホークス
捕手	里崎智也	千葉ロッテマリーンズ
	谷繁元信	中日ドラゴンズ
	相川亮二	横浜ベイスターズ
内野手	岩村明憲	東京ヤクルトスワローズ
	小笠原道大	北海道日本ハムファイターズ
	松中信彦	福岡ソフトバンクホークス
	西岡剛	千葉ロッテマリーンズ
	今江敏晃	千葉ロッテマリーンズ
	宮本慎也	東京ヤクルトスワローズ
	新井貴浩	広島東洋カープ
	川﨑宗則	福岡ソフトバンクホークス
外野手	和田一浩	西武ライオンズ
	多村仁	横浜ベイスターズ
	金城龍彦	横浜ベイスターズ
	福留孝介	中日ドラゴンズ
	青木宣親	東京ヤクルトスワローズ
	イチロー	シアトル・マリナーズ

＊データは、当時のものを掲載してあります。

第2回 ワールド・ベースボール・クラシック(WBC)
日本代表 選手一覧(2009年開催)

ポジション	氏　名	所属球団
監督	原辰徳	読売ジャイアンツ
コーチ	伊東勤	
	山田久志	
	与田剛	
	篠塚和典	読売ジャイアンツ
	高代延博	
	緒方耕一	読売ジャイアンツ
投手	ダルビッシュ有	北海道日本ハムファイターズ
	馬原孝浩	福岡ソフトバンクホークス
	田中将大	東北楽天ゴールデンイーグルス
	涌井秀章	埼玉西武ライオンズ
	松坂大輔	ボストン・レッドソックス
	岩田稔	阪神タイガース
	岩隈久志	東北楽天ゴールデンイーグルス
	藤川球児	阪神タイガース
	内海哲也	読売ジャイアンツ
	小松聖	オリックス・バファローズ
	渡辺俊介	千葉ロッテマリーンズ
	山口鉄也	読売ジャイアンツ
	杉内俊哉	福岡ソフトバンクホークス
捕手	城島健司	シアトル・マリナーズ
	阿部慎之助	読売ジャイアンツ
	石原慶幸	広島東洋カープ
内野手	栗原健太	広島東洋カープ
	中島裕之	埼玉西武ライオンズ
	片岡易之	埼玉西武ライオンズ
	岩村明憲	タンパベイ・レイズ
	小笠原道大	読売ジャイアンツ
	村田修一	横浜ベイスターズ
	川﨑宗則	福岡ソフトバンクホークス
外野手	福留孝介	シカゴ・カブス
	青木宣親	東京ヤクルトスワローズ
	内川聖一	横浜ベイスターズ
	亀井義行	読売ジャイアンツ
	稲葉篤紀	北海道日本ハムファイターズ
	イチロー	シアトル・マリナーズ

＊データは、当時のものを掲載してあります。

第3回　ワールド・ベースボール・クラシック（WBC）
日本代表　選手一覧（2013年開催）

ポジション	氏　名	所属球団
監督	山本浩二	
コーチ	東尾修	
	梨田昌孝	
	与田剛	サウザンリーフ市原
	立浪和義	
	高代延博	
	緒方耕一	
	橋上秀樹	読売ジャイアンツ
投手	涌井秀章	埼玉西武ライオンズ
	能見篤史	阪神タイガース
	澤村拓一	読売ジャイアンツ
	今村猛	広島東洋カープ
	田中将大	東北楽天ゴールデンイーグルス
	杉内俊哉	読売ジャイアンツ
	前田健太	広島東洋カープ
	森福允彦	福岡ソフトバンクホークス
	内海哲也	読売ジャイアンツ
	大隣憲司	福岡ソフトバンクホークス
	牧田和久	埼玉西武ライオンズ
	山口鉄也	読売ジャイアンツ
	攝津正	福岡ソフトバンクホークス
捕手	相川亮二	東京ヤクルトスワローズ
	阿部慎之助	読売ジャイアンツ
	炭谷銀仁朗	埼玉西武ライオンズ
内野手	鳥谷敬	阪神タイガース
	井端弘和	中日ドラゴンズ
	松田宣浩	福岡ソフトバンクホークス
	坂本勇人	読売ジャイアンツ
	松井稼頭央	東北楽天ゴールデンイーグルス
	稲葉篤紀	北海道日本ハムファイターズ
	本多雄一	福岡ソフトバンクホークス
外野手	糸井嘉男	オリックス・バファローズ
	中田翔	北海道日本ハムファイターズ
	内川聖一	福岡ソフトバンクホークス
	長野久義	読売ジャイアンツ
	角中勝也	千葉ロッテマリーンズ

＊データは、当時のものを掲載してあります。

2015 WBCSプレミア12
日本代表　選手一覧(2015年開催)

ポジション	氏　名	所属球団
監督	小久保裕紀	
コーチ	奈良原浩	埼玉西武ライオンズ
	大西崇之	読売ジャイアンツ
	稲葉篤紀	北海道日本ハムファイターズ
	仁志敏久	
	矢野燿大	
	鹿取義隆	
投手	松井裕樹	東北楽天ゴールデンイーグルス
	菅野智之	読売ジャイアンツ
	則本昂大	東北楽天ゴールデンイーグルス
	澤村拓一	読売ジャイアンツ
	大谷翔平	北海道日本ハムファイターズ
	前田健太	広島東洋カープ
	増井浩俊	北海道日本ハムファイターズ
	西勇輝	オリックス・バファローズ
	大野雄大	中日ドラゴンズ
	山崎康晃	横浜 DeNA ベイスターズ
	小川泰弘	東京ヤクルトスワローズ
	武田翔太	福岡ソフトバンクホークス
	牧田和久	埼玉西武ライオンズ
捕手	炭谷銀仁朗	埼玉西武ライオンズ
	嶋基宏	東北楽天ゴールデンイーグルス
	中村悠平	東京ヤクルトスワローズ
内野手	今宮健太	福岡ソフトバンクホークス
	松田宣浩	福岡ソフトバンクホークス
	川端慎吾	東京ヤクルトスワローズ
	坂本勇人	読売ジャイアンツ
	中島卓也	北海道日本ハムファイターズ
	中田翔	北海道日本ハムファイターズ
	山田哲人	東京ヤクルトスワローズ
	中村剛也	埼玉西武ライオンズ
外野手	中村晃	福岡ソフトバンクホークス
	平田良介	中日ドラゴンズ
	筒香嘉智	横浜 DeNA ベイスターズ
	秋山翔吾	埼玉西武ライオンズ

＊データは、当時のものを掲載してあります。

第６章まとめ

●代表チームの重みをしっかりと感じられる選手を選ぶ

●「これがベスト」と選んだ側がはっきり言える選抜方法をとる

●監督の条件は、選手をコントロールできるマネジメント能力があること

●選手の「いまの能力」を見極めて起用することが大事

●不平不満が出ても選手を納得させるだけの信頼関係が築ける

●余計なストレスをどのように排除するかは監督の役目

●監督のもとで一致団結できる選手でないとチームにいる価値がない

●負けてから1敗の重みに気づいても遅い

●短期間に「合う・合わない」を判断しなければならない

●戦術と約束事でチームは変わる

●「日本のために」という選手たちの思いが見る者の心を打つ

第7章

勝てるチームのつくり方

［高校野球編］

目標によってやり方は変わる

１００年を超える歴史を持つ日本の高校野球。プロ野球選手のほとんどが聖地である甲子園を目指していましたし、これからも多くの子どもたちが甲子園に憧れ、練習に励むことでしょう。

もし私が、「高校野球の監督をやってください」と言われたらどうするか。この章では、詳しく掘り下げていきます。

２０１１年のセンバツに、創志学園高等学校（岡山県）が史上最速でのスピード出場を決めました。創部2年目の快挙、部員は全員一年生でした。１８８４年創立の伝統校ですが、２００９年まではずっと女子校。10年に普通科ができたのを機に野球部が創設されました。04年のセンバツで初出場初優勝を果たした済美《さいび》高等高校（愛媛県）は創部３年目、遊学館高等学校（石川県）は創部２年目の夏に甲子園出場を果たした例があります。

これほど短期間で甲子園に出場できるかどうかはわかりませんが、私なりのやり方を考えてみます。

引き受けるとしたら、「将来、甲子園に出ることを目標にすること」を学校のトップから末端までが共有していることが条件。新しく野球部ができることを前提に考えていきましょう。

目標をどこに定めるかによって、やり方はいくつかに分かれます。

「甲子園に出ろ」と厳命されるのか、「甲子園に行けるようなチームをつくれ」なのか。地域の人やOB、在校生を含めて「尊敬されるチームにしてほしい」なのか、「いい生徒を集めるために知名度を上げたい」なのか。

条件が揃えば「絶対に甲子園に行け」でも引き受けます。

現場介入なし、学校の全面バックアップは最低条件です。

優秀な選手を集めてみっちり鍛える

勝てるチームをつくるのは、難しくありません。

すごい選手をつれてくればいい。

その学年で最高の選手を複数人集めることができれば、負けないチームをつくるのは可能です。

2004年に済美高等学校が甲子園初出場で初優勝できたのは、優秀な人材が揃っていたから。福井優也（現広島東洋カープ）、鵜久森《うぐもり》淳志（現東京ヤクルトスワローズ）、高橋勇丞《ゆうすけ》（元阪神タイガース）とのちにプロ野球選手になる3人がいました。誰が見ても能力が高い選手を集めれば、強くなります。

しかし、それは簡単なことではありません。あのときにそれができたのは、甲子園で実績のある上甲《じょうこう》正典監督が済美にいたから。監督の名前で選手が集まるという仕組みが野球界にはあります。

小宮山悟の名前でいい人材が集まるかどうかはわかりませんが、もし優秀な選手が揃えばチームづくりはスムーズに進むでしょう。

だから、はじめにするのは「新しく野球部をつくる」とアドバルーンを上げること。仮に関東圏の高校ならば、新しく野球部ができることと、小宮山悟が監督に就任することを関東全域に告知します。

そして、各地の中学一年から三年生に対してこう訴えます。

「甲子園常連校と同じレベルの野球を教えます。違うのは、まだ甲子園に出場した歴史がないことだけ」

学校が全面バックアップしてくれるという約束なので、生徒の送迎も問題なし。もし可能なら寮も完備で。専用のグラウンド、室内練習場などの設備ももちろん万全です。

さらに、学業もフォローしてくれる教師・スタッフもいれば言うことなし。できれば、家庭教師のような人がいればいい。

部員数が多すぎると全員に目が届かないため、部員数はある程度絞ります。各学年10人ではAチーム、Bチームがつくれないので、学年15人くらいが適正でしょう。

部員がたくさんいれば選手を選べるという利点はありますが、あぶれた人がかわいそうなので、そのくらいで。

入部希望者はなるべくなら、全員入れてあげたい。しかし、本当に熱意があるかどうかはきちんと確かめたいところ。高校野球は厳しい規律が必要で、他人に迷惑をかける人は排除しなければなりません。

入学前に、そのあたりの条件を明確にするつもりです。人に迷惑をかける行為があった場合、部から去ってもらうと。選手全員の人生がかかっているので、そのあたりは慎重に。

入部前は、チームの実績よりも個人の能力を見る

13歳から15歳くらいの発育途中の選手でも、その動きを少し見れば、能力の見極めはできます。成長の早い・遅いはありますが、ある程度の線引きは可能です。

投げる・走るという基礎的運動能力を見れば「よし・あし」はわかります。

基礎的運動能力以外の部分、身のこなしに関して、つまり、自分で自分の体を自由自在にコーディネートする能力があるかどうかは、入学後に判断します。

まず大切なのは、基礎的な運動能力です。

やる気があるというのが大事なポイント。技量と熱意であれば、熱意を重視します。

実績については、あまり重視しません。

全国大会ベスト4とか県大会優勝も大事なファクターかもしれませんが、そのチームでどんな役割を果たしたかによります。その選手が中心になって全国ベスト4に進出したのか、ほかにすごい選手がいたからそれほどの成績が残せたのか。そこをしっかり分けないと、見誤る可能性があります。

あいまいな基準なら、いっそないほうがいい。

入学前には、チームの実績よりもその選手の能力を重視します。

試合に出る選手を選ぶ段階では、その時点の実力が大事になります。

それに加えて、チームに対してどんな働きをするのかを考え、チームのスタイルに合った選手に決めます。

「耐えがたいことを耐える」ことで強くなる

ここで、私のアマチュア時代の野球との関わりに触れましょう。

私が入学した芝浦工大柏高校は１９８０年に創設された高校。野球部員は学年10名程度で、進学校の普通の部活動でした。

甲子園出場に本気で燃える選手がいるはずもなく、夏の大会のスケジュールが決まる前に夏期講習の申し込みをするような部員ばかり。

私が入学したのが創設2年目だったので、先輩は一学年上の人たちだけ。理不尽な規則も厳しい上下関係もありませんでした。

2回戦に進出するとなると、ベンチ入りした一年生が「外国でホームステイするので次は出ません」という高校でした。

練習は放課後を使って、校庭で。部員がなんとなく集まって、練習が始まり、いつの間にか終わっているような感じでした。

雨が降ったら、翌日の体育の授業優先でグラウンドは使用中止になります。そうすると練習ができないので、学校の近くにある我が家に部員が集まり、麻雀大会をしていました。甲子園出場を目指して猛練習をする甲子園常連校の部員とは、まったく違う高校生活を過ごしました。

私の野球に対する取り組み方が１８０度変わったのは、早稲田大学野球部に入ってからです。

入学したとき、新入生は40人近くいて、４年間野球を続けたのが21人。

早稲田大学野球部は名門なので、練習も激しく、規律もグラウンド以外の厳しさもあり、途中で離脱する人がたくさんいました。残ったのは「早稲田で野球をやりたい」と集まったメンバーばかりでした。

部員数は４学年で80人あまり。レギュラー練習をしているのは30から35名で、それ以外の選手は練習の補助に回っていました。

高校時代に上下関係がまったくないところで育った私は、大学で心身ともに鍛えられました。いまのご時世では口にできない、理不尽なことも数多く経験しました。嫌な思いをたくさんしましたが、それでも野球部には規律が必要だと私は考えています。先輩からの理不尽な指導もあったほうがいい。なぜならば、言葉では教えられないことを先輩が教えてくれるから。

私は大学に入ってすぐ、レギュラー練習に入れられました。ここでの風当たりは相当なものでした。「出る杭は打たれる」と言いますが、上級生からの格好の標的になりました。先輩から理不尽なことをされるのが当たり前の環境でした。しかし、覚悟はありましたから、苦痛でしたが「仕方がないこと」と割り切れました。

きっと、私だけのことではなく、野球部のなかでは毎年毎年繰り返されていたことでしょう。歯を食いしばってがんばるということがどういうことなのかを身をもって知っている人間は強いと思います。

体罰を肯定するつもりはありませんが、我慢はいつか力になるのです。

「耐えがたいことを耐える」ことで、得られるものが絶対にあります。

優れた野球選手には学力も必要

私の野球との関わりと考え方は、わかっていただけたでしょうか。

新しい野球部に実力のある選手が揃い、練習環境が整ったと仮定して、ここから指導方法に話を進めましょう。

野球という競技の特性をきちんと踏まえたうえで、実際の試合に即した問答集のようなものを用意して、投げること、打つこと、捕ること、走ることをみっちり指導します。

ピッチングに関しては私が指導しますし、それ以外のことは信頼できる人間を呼んで選手を鍛えます。

能力のある選手にきちんとした練習をさせればいい。あとは、勉強もしっかりやらせます。

これからの時代、野球だけでは通用しません。問題が起これば「どうせ野球しかしてきていないから」と言われるご時世ですから、学業をおろそかにすることは許されません。

野球の実力と学力は、セットで考えるべきだと考えています。

私たちが社会の一員であることを考えれば、「いい・悪い」の判断は当然できなければなりません。

集団生活を送るうえで規律を守ること、学力を含めた判断力は大事だと思います。原因と結果がつながらないようでは困ります。

ただ、高校時代にそれを育むことができるのかというと疑問符がつきます。むしろ、それ以前の親の教育が大事なので、親がどのような育て方をしてきたかも知りたくなります。簡単にいえば、親のしつけです。

高校野球の指導者の悩みの多くが、父母との関係だと聞きます。なので、「父母の現場介入なし」も、私が監督を引き受ける条件のひとつに入れようと思います。

やはり、親は子の鏡です。子どもがなぜそう考えるか、そんな行動をとるのか。親の影響を受けない子どもはいないはずです。

9割はセオリーで残り1割が奇策

監督は当然、自分が目指す野球に合わせて選手を起用します。「相手に1点も取らせない」と考えるなら、ディフェンス重視の選手を。「リスクをおかしてでも点を取りにいく」と決めれば、攻撃に長けた選手を多く並べることになります。それは監督が自由に決めること。

指導者はそれぞれ、指導の手引きになるものを持っているはず。監督が経験したすべてのことが財産になっているのでしょう。自分が預かった選手に合わせて、使えるものを引き出しのなかから取り出して、コーディネートしていきます。

野球では、イニング数と得点差、相手との力量差によって、ある程度、「やるべきこと」が決まってきます。

8回裏、0対1で負けていて、無死一、二塁で打席に九番打者という場面なら、「送りバントだろう」と予想がつきます。あまり突拍子もない、特別なやり方はありません。勝つ確率の高い戦術を目指せば、セオリーに落ち着くものです。

9割はセオリー、残りの1割が奇策ということになるでしょう。奇策は成功したら評価されますが、失敗すれば叩かれます。「どうして、常識から外れたプレーをしたんだ」と。

セオリー通りに戦って勝つのが、野球の王道です。能力のある選手が確率の高いプレーを選択すれば、当然、成功することが多くなります。そういう選手を抱えたチームが強いのは当たり前です。

「やらなければならないこと」を確実にやる

相手と比べて圧倒的に劣る場合に必要なのが、野村克也さんの「弱者の兵法」です。弱いチームには弱いチームなりの戦い方があるのです。ところが、多くのチームは「オレたちは強い」と考えるから、勝てない。

奇策を打たなければ勝てないのなら、その練習が必要です。「弱いんだから、こうする」

と選手を納得させられるかどうかは、監督の腕次第。

「監督は何を言ってるんだ。オレたちは強いぞ」と選手が言っているうちは勝てません。弱いという事実をしっかり踏まえたうえで、強いチームに勝つための方策を練り、トレーニングを積まなければなりません。

自分たちの力量を認識し、「勝つための方法」を磨き、相手が驚く奇策を用意すれば、強い相手でもひっくり返すことができるかもしれません。

「自分たちがどれくらいの強さなのか」を把握し、選手に理解させるのも監督の大事な能力です。

基本プレーを徹底すれば弱くても勝てる

強いチームと優勝するチームは別です。つまり、強いチームが優勝するとは限らない。

強いチームには、他を圧倒するだけの能力を有した選手がいるものですが、そんな選手がいないのに勝てるチームは、セオリーをセオリー通りに、基本プレーを徹底してやっています。

二塁にランナーがいる場面で、守る側は点をやらないプレーができるのか。攻める側は、三塁に走者を確実に進めることができるのか。そこが大きな分かれ目になるでしょう。

「やらなければならないこと」を確実にやる。

「やらせてはいけないこと」を相手にやらせない。

野球の場合、ほとんどの場面で、事前に準備をすることが可能です。不測の事態が起こらないわけではありませんが、大方は予測できるのです。

だから、準備を怠らなければ負ける可能性は少なくなります。

準備のなかには、「ルールを覚えること」も含まれます。

ときどき、プロ野球でもおかしなプレーが飛び出しますが、無知からきていることが多い。ルールをしっかり勉強することも大切です。

基本プレーはトレーニングで精度が上がるので、みっちり練習するのです。

「この野球部に入ってよかった」と思えれば幸せ

勝敗に関しては、基本的に監督の責任です。ただ、監督の意図通りに「働けない」のと、「働かない」のとでは大きな差があります。

能力のある監督の場合、働けないということはおそらくありません。働かない選手が生まれてしまうとしたら、それは監督に何かしらの問題があるということ。

教育者と指導者は違うと、私は考えています。

指導者は指導の専門家で、教育者である必要はない。プロの世界であれば、指導者でいい。しかし、アマチュアであれば、監督は教育者であるべきだと考えます。

勝つことを目的にして、勝つためにあらゆる手段を用いるのが指導者。

教育者は、もちろん勝つことも大事ですが、それ以上に大切なものを持っていて、それを教えながら勝てるように手を尽くす人です。

本来、プロの世界に教育者はいらないと考えています。ただ、最近はいろいろな問題が起こっているので、「教育者じゃないとダメなのか」という感じになっています。

プロの傭兵部隊に技術を教える教官は、武器の使い方や戦い方を教えるだけでいいはず。ただ、プロ入りした時点で、アマチュア時代に身につけるべきことが備わっていないとしたら、改めて教育をする必要があるでしょう。

昔は、プロ野球の寮長が選手を殴って教えたという逸話がゴロゴロ転がっています。未成年の選手を預かった球団は、社会的に間違ったことをした場合にそのくらいの覚悟で対処する必要があるかもしれません。

いまは殴って教えることができないので、話術を含めて、相手を納得させる力が必要なのです。

指導や教育に関して、絶対的な正解はないかもしれません。それを受けた人が、「よかった」と思えるかどうか。それがすべてでしょう。

その高校を選んでよかった、この野球部に入ってよかったと思えれば、選手は幸せだと思います。

「腕が折れても投げる！」という覚悟はあるか

歴史もある強いチームにいい選手が集まり切磋琢磨すれば、高い確率で勝つチームができあがります。ただ、少しでも強さに陰りが見えたら、選手が揃わなくなる。そうなったときに、強豪校と監督の真価が問われることになるでしょう。

高校時代に有望だと思われた選手が、大学やプロで伸び悩むケースがあります。

高校野球のファンが「あれほど活躍した選手がなぜ？」と思うことがたくさんあるでしょう。

それは、「燃え尽き症候群」だからです。

小学生のころから、甲子園にすべてを捧げた球児は数えきれないほどいます。強豪校のユニフォームを着て甲子園に出て、そこで活躍して優勝したら、「もうこれ以上はない」という気になっても仕方ないでしょう。

達成感は確実に、成長の妨げになります。

「全国制覇」を合言葉に戦っているチームの選手がゴールに到達したら、そこからもうひと踏ん張りすることは難しいかもしれません。

夢破れた人のほうが、そのあと奮起して成長するものです。

最終目標が「甲子園」ではなく、「プロ野球」という人がいてもいい。それは個人が選びとることです。

ただ、「目標はプロ野球だから高校では無理しない」という考え方には賛成しかねます。予選で連投しない、1試合に投げるのは何球までと投球制限をするピッチャーも最近はいるようですが、それはいかがなものでしょうか。

自分の将来を真剣に考えるのはいいことです。しかし、仲間と一緒に甲子園を目指そうというときに、「オレは連投しないことにしているから」と登板を回避することがいいのか、悪いのか。

もし私が監督ならば、そういう考えの選手は使いません。

まわりが止めても「オレは腕が折れてでも投げる」というピッチャーと一緒に戦いたい。ブレーキをかけるのは監督の役目で、実際にそうさせるかどうかは別問題。そういう気持ちの選手でなければ、チームの信頼を勝ち取ることができません。

甲子園があるから日本人は鍛えられる

私は連投を推奨しているわけではありません。そういう気持ち、覚悟が大事だと言いたいのです。

「オレが投げる！」というピッチャーに勝負を託したい。自分のためではなく、「仲間のために！」という気持ちがフツフツと湧きあがった経験がない人に勝負どころで任せられません。

人間は、鍛えられるときに鍛えないと、大事な場面で力を発揮できないものです。

これは、もしかしたらアマチュア時代にしか体験できないことかもしれません。残念ながら、プロではなかなか味わえません。

アメリカには、甲子園大会のようなものがありません。もし日本人投手の素養として「腕が折れても投げる！」という気持ちが備わっているとしたら、高校時代に甲子園を目指す戦いを体験しているから。

甲子園は、日本独自の文化です。

甲子園があるから高校球児は成長し、甲子園でスターが生まれるからプロ野球のチームは人気を維持できるのです。

ドラフト会議が盛り上がるのも甲子園のおかげです。

甲子園は、本当に偉大です。

私は高校時代に「甲子園に出たい」と真剣に考えたことのない高校球児でしたが、もし高校野球の監督になったら……と考えるだけで本当にワクワクします。

第７章まとめ

- 学年で最高の選手を複数人集めれば負けないチームをつくれる
- やる気があるというのが大事なポイント
- 厳しい規律が必要なので他人に迷惑をかける人は排除する
- 入部前は、チームの実績よりも個人の能力を見る
- ９割はセオリーで残り１割が奇策
- 「耐えがたいことを耐える」ことで強くなる
- 優れた野球選手には学力も必要
- アマチュアであれば、監督は教育者であるべき
- 「やらなければならないこと」を確実にやる
- 達成感は確実に成長の妨げになる
- 鍛えられるときに鍛えないと大事な場面で力を発揮できない

第8章

最強チームは掛け算でつくる

プライドよりもチームへの貢献

高校野球も大学野球も、仲間と一緒に戦える時間が決まっています。高校なら3年（正確には2年3カ月ほど）、大学なら4年間（3年7カ月）しか時間はありません。

1年経てばひとつずつ学年が上がり、最上級生は卒業して、新入生が入ってきます。チームは新陳代謝を繰り返し、強くなったり、弱くなったりするのです。

プロ野球は、年齢とは関係なく、「能力がない」と判断された者が消えていくところ。華やかな話題とともに入団してくる新人と同じ数だけ、選手はいなくなっていきます。それは、監督、コーチも同じこと。

そんなシビアな世界で、私はどうやって生き残ってきたのでしょうか。

私は自分のことを天才だとも怪物だとも思ったことがありません。まわりを見渡すと、驚くほど速いボールを投げ、とんでもなく遠いところまでホームランを打つ選手がたくさんいました。

残念ながら、私の野球の才能は、天才や怪物に比べると、豊かなものではありませんでした。むしろ、乏しいと言ったほうがいいくらい。

それでも44歳まで生き残ったのです。

その理由は、チームに貢献できたからだと思います。

通算117勝のうち、2004年にマリーンズに復帰してからあげたのは10勝だけです。05年からは先発から外れ、いつもブルペンで登板の準備をしていました。

40歳を超えて、20代のころのように年間200イニングも投げなくなっても、チームのために、誰かのために「腕が折れてもいい」覚悟で投げ続けてきました。

もしかしたら、「エースのプライドはどこに行った?」と私のことを冷ややかに見ていた人がいるかもしれません。

私は、そんなものよりも試合で投げたかった。

うまくいかないからこそ
もっと野球にのめり込む

野球が好きで、投げることが好きで、監督に「投げろ」と言われるところで投げようと決めていました。

実際には、自分で満足できる試合のほうが少なかった。むしろ、うまくいかないからこそ、野球にのめり込んでいきました。

狙ったところに百発百中投げられて、バッターを抑えて完全試合でもしたら、つまらなくなってユニフォームを脱いだかもしれません。

ところが、どれだけ練習して準備して試合に臨んでも、うまくいかないことが多すぎて、いつも悔しい思いを抱きながらプレーし続けました。

自分が理想とするピッチングがあり、それに近づこうともがいているうちに20年が経っていたというのが正直なところです。

100%を求めつつ、「100%なんかできるはずがない」と思ってプレーしていたように思います。「できるはずだ」と「きっと無理だろう」が自分のなかにふたつありました。ダメだったときには、「やっぱりうまくいかなかったか。ならば次はこうしよう」と割り切って、次にチャレンジしました。

それが何回も何回も、何年も何年も続いたのです。

答えを何通りも用意したうえで試してみて、「これじゃなかった」「別の方法を試してみよう」と。失敗の先には新しい発見があり、ずっと飽きることなく、楽しむことができました。

私は子どものころから、「試すこと」が好きでした。それはプロに入ってからもずっとそうでした。

プロ野球でいろいろな選手を見てきましたが、「なぜだろう?」という疑問や好奇心を持たない人間は絶対に伸びません。「不思議がる」ことが大切なのです。

疑問を解決するためにあれこれ考え、いろいろ試してみる。そういう気持ちがある人間は、あるとき、飛躍的に伸びるはずです。

成功しても失敗しても違う仮説が生まれる

内容の伴わないヒットで気持ちよくなる人もいれば、いくらすばらしいヒットを量産しても満足しない選手もいます。例えば、イチロー選手は後者の代表です。だから、彼は40歳を過ぎても溌剌《はつらつ》とプレーしているのです。

メジャーリーグだけで約3000本、日本とも合わせれば4000本以上。10年間、200本安打を打っても、彼は「次」を求めてきました。

仮説を立てて、準備して、それがうまく答えに結びつくときもあれば、そうでないときもある。成功しても失敗しても、また違う仮説が生まれるから、それを証明したくなるのです。彼は以前ほど出場機会には恵まれていませんが、いま、楽しくて仕方がないのではないでしょうか。

キャッチャーとして2000本安打を放った古田も研究熱心でした。バッティングフォームは改良に改良を重ね、いつも臨機応変に対応していました。実績のある人は変えることを恐れるものですが、変化こそが進歩への道だと彼は考えていたのではないでしょうか。

プロの世界でも超一流の人たちは自分で考え、自分で答えを探していました。ぶれないことも大事ですが、常識にとらわれず新しいことに挑むこともまた大切なのです。

我が道を行く頑固さと他人の意見を取り入れる柔軟さのバランスをとることは本当に難しい。

極限の目標を目指してまっすぐ突き進む人も、段階に応じてベストの道を探りながら最後にゴールにたどりつく人も、どちらもいていいのです。

自分に合った方法を選べばいい。

ピッチングフォームも、配球も、練習方法も、コンディションの整え方も、試すことはいくらでもありました。日々の過ごし方も含めて、生活全部が実験の場でした。

ほかの人が気づかない些細なことから大きなことまで、迷うこともたくさんありました。

そこで立ち止まり、自分で決断して次に進んでいきました。

数値で大きさは出せませんが、決断力はその人が持つ才能のひとつです。

プロ野球は「はじめからできる人」「才能で飯を食う人」が集まるところです。厳しいところで私が生き残れたのは、そんな日々を送ってきたからです。

ひとつにフォーカスしながら視野を広く持つ

数値で出しにくい部分でいえば「頭がいい・悪い」があります。この場合、学校の成績や偏差値ではありません。

先入観や固定観念を排除して、フラットな状態で物事を見ることができるかどうか。ひとつのことにとらわれ、まわりが見えなくなる人は「頭がいい」とは言えません。ひとつのことにフォーカスしながらも、広い視野を持てるのが理想でしょう。

「いま、目の前にあるものを、別の角度や裏側から見たらどうなるだろう」

そう考える人は、どんな場面でも強さを発揮するはずです。いろいろなものを見て、「あっ」と驚く経験によって強さは培われるのです。

私は現役時代、できるだけ客観的に自分の姿を見るようにしていました。ブルペンにビデオカメラを何台も置いて、ピッチングフォームのチェックをしました。自分の背中を肉眼で見ることはできませんが、映像はありのままを映し出します。そうすることによって、悪いところに気づき、早い段階での修正が可能になります。

特にピッチャーは、「バッターからどう見えるか」が重要です。バッターはピッチングフォームを見ながらタイミングをとっています。「どこで打つか打たないかを決めるか」を知ることができれば、かなり有利になります。

いまは携帯電話で簡単に動画を撮れる時代だから、技術が向上するのは当たり前です。

技術的な部分以外でも、「他人にどう見られているか」を意識したほうがいい。普段の立ち居振る舞いもそうですが、ユニフォームを着ているときは特に。

試合中、選手たちはマウンドにいるピッチャーをいつも見ています。ピンチを迎えたときにピッチャーが自信がなさそうだったら、選手たちはどう思うでしょう。不安が不安を呼び、浮き足立ってしまうかもしれません。

監督やリーダーも、キャプテンもそうです。

「なでしこジャパン」を長く率いた澤穂希《ほまれ》さんは「苦しいときは私を見て」と言いましたが、そういうリーダーがいる組織は強い。

チーム成績があって次に自分の成績がある

プロ野球チームは、プロの集団、個人事業主の集まりですから、普通の会社とは違います。ただ、ひとつの組織と考えたときには、何ひとつ変わらないと思うのです。

ある目標に向かって、組織の人間が全力を尽くす。

決められたところを目指して、日々働く。

プロ野球チームの場合、優勝というわかりやすいゴールがあります。そのためには目標や問題意識の共有、役割の徹底、個人成績をしっかり残すことが求められます。もちろん、自己犠牲も大切な要素です。

しかし、プロ野球には「試合には負けたけど、自分はヒットを3本打ったから」と満足する選手がいます。

まずチームの成績があって、個人の成績がある。そんな当たり前のことを忘れてしまう人間がいるのです。チームの勝利に貢献しない個人成績にどれだけの価値があるでしょうか。

「オレはチームにこれだけ貢献したんだ」

そういうものを全員が用意できれば、負けるはずがありません。

力のすべてをチームのために使う

能力と実力とは違うもの。

能力にまた別のものが加わって、実力になるのです。能力を実力に変える、実力をいかんなく発揮できるような土壌をつくるのがコーチの役割。選手やコーチをうまく機能させながら、勝利をつかむのが監督、マネージャーの仕事です。

組織のなかには、いろいろな性格の人がいてもいい。むしろ、さまざまなタイプの人間がいたほうがいいのかもしれません。

性格が激しくても、それをうまく扱える上司がいれば問題ない。全員が全員、黙って同じ方向を向くよりも、「違う方向を見ているのに気持ちは一緒」のほうがずっといいと思います。

全員が「持ちうる力のすべてをチームの目標のために使う」チームは強い。

チームが目指しているもの、チームの形を理解したうえで「自分が何をなすべきか」と考えられる人はきっと活躍できるでしょう。

チームは足し算でつくるものではない

「チーム力」とはいったい何なのでしょうか。

私は「ひとりひとりの能力を掛け合わせたもの」と考えています。

チームとは、足し算ではなく、掛け算でつくるものなのです。

もし誰かが70％の働きしかできなければ、チーム力は一気に下がってしまいます。

1990年代前半に強かったスワローズも、キャッチャー・古田が満足に働けないシーズンは、投手陣の成績ががた落ちし、彼が76試合しか出場できなかった94年には4位に落ちてしまいました。

選手が「与えられた仕事を100％やる」というのが大前提。誰かひとりでも100％を下回る人間がいたら、チーム力は大きく下がります。

故障者、不振に苦しむ人、腐ったみかん……彼らをどう扱うか――ここが監督、マネージャーの腕の見せどころです。

もし、ゼロの人間がひとりでもいたら、チームは崩壊してしまいますから、チームを率いる立場、マネジメントをする人はそこをよく考えなければなりません。

2015年にホークスが連覇を果たせたのは、新監督の工藤監督がマイナスを出さなかったから。能力のある選手たちが額面通りに働いたことで、ぶっちぎりの優勝を飾ることができました。

マイナスの選手をどうやって取り除くのか、マイナスになりそうな選手をどうやってそうならないように仕向けるのか。

これは、チーム力を維持・向上させるための大きな課題です。

全員が100%を超える仕事をすれば、チーム力は爆発的に上がります。破壊力が大きくなり、加速もつくはずです。

優秀な監督、マネージャーは個々の能力を正確に把握し、それぞれを掛け合わせて、いまのチーム力を算定《さんてい》しています。だから、マイナスになりそうな選手の動向に神経を使い、問題があればすぐに入れ替えるのです。

個人の能力の見立てと実際の選手の成績の誤差が少なければ少ないほど、チームには安定感が出ます。プラスとプラスを掛け合わせれば、必ずいい戦い方ができます。そのために、タイミングをはかりながらカンフル剤を打ち、チームの活性化をはかるのです。

1991年のオリオンズvsライオンズは、圧倒的な戦力差があったので4勝21敗1分という、プロ同士とは思えない対戦成績になりました。しかし、監督がその差を冷静に見極めて何らかの手を打っていれば、あれほど恥ずかしい成績にならなかったはずです。

未熟だったとはいえ、伊良部秀輝や前田幸長という「ひょっとしたら?」と思わせる有望な若手投手がいました。起爆剤になりうる人材を効果的に起用できたなら、そして相手が嫌がる戦いができたなら、違った結果が生まれたことでしょう。

残念ながら、当時の金田正一監督はそういう指揮官ではありませんでした。もしボビーならば……もっとおもしろい戦いができたのではないでしょうか。

昔はすごい成績を残したのに、扱いが難しくなっているベテランが、チームにひとりくらいいるものです。かつての功労者の扱いにどのチームも苦慮しています。

プライドは高いけど、以前ほどは働けない。

満足に働けなくなっているのに、それを認めたくない。

そんなやっかいな人をどう扱えばいいのでしょう。誰が見てもマイナスの存在になり下がっている人が、職場にもいるのではないでしょうか。

ごくごく稀《まれ》に、マイナスとマイナスを掛けて、大きなプラスが出ることもあります。しかし、取り扱いにはかなり慎重を期さなければ悲劇を招くことになるでしょう。

どのタイミングでその人をチームから外すか、見極めが大事です。功労者であることは事実でも、戦力としては考えにくい。そう判断したのなら、本人にそれを告げ、チームに関わらせないようにするしかない。

残酷なようですが、それがチームのため。

チームを預かる監督、マネージャーの役割です。

第8章まとめ

- 貢献度の高い人がチームで生き残れる
- 疑問や好奇心を持たない人間は絶対に伸びない
- 成功しても失敗しても違う仮説が生まれる
- 変化こそが進歩への道
- 超一流は自分で考え、自分で答えを探す
- 決断力はその人が持つ才能のひとつ
- 先入観や固定観念を排除して、フラットな状態で物事を見る
- できるだけ客観的に自分の姿を見る
- チームの勝利に貢献しない個人成績に価値はない
- 実力を存分に発揮できるような土壌をつくるのがコーチの役割
- 選手やコーチをうまく機能させながら勝利をつかむのが監督の仕事

おわりに

日本にプロ野球が誕生したのはいまから80年も前のこと。最初は「アメリカ野球に追いつくこと」が目標でした。

1995年の野茂英雄以降、毎年のように日本人選手が海を渡り、これまで50人以上の日本人メジャーリーガーが誕生しています（第1号は64年の村上雅則さん）。

野茂はノーヒットノーランを2度も達成し、通算123勝を挙げました。

佐々木主浩《かづひろ》は、4年間で129セーブをマークしました。

イチローはメジャー4年目に年間最多安打記録を更新し、2011年には10年連続200本安打を達成。通算3000本近い安打を量産し、500盗塁も記録しました。

松井秀喜《ひでき》は名門ヤンキースの主軸を打ち、09年に日本人初のワールドシリーズMVPを獲得しました。

そのほかにも多くの選手たちが、日本プロ野球のレベルの高さをメジャーリーグの舞台で示してくれました（今後もいろいろな選手が活躍してくれるでしょう）。「アメリカの野球に追いついた」とまでは言えなくても、「活躍できる選手がたくさんいる」ことを証明できました。

現在も、田中将大投手（ニューヨーク・ヤンキース）、前田健太投手（ロサンゼルス・ドジャース）、上原浩治投手（ボストン・レッドソックス）、岩隈久志投手、青木宣親選手（ともにシアトル・マリナーズ）など、多くの選手が主力としてプレーしています。

しかし、組織として考えたとき、日本のプロ野球はメジャーリーグに負けていないと言えるでしょうか。

MLB（メジャーリーグベースボール）は選手会のストライキ（1994年〜95年）によって、深刻なファン離れを呼びました。しかし、バド・セリグMLBコミッショナー（98年まではメジャーリーグ最高諮問会議のチェアマン）の強烈なリーダーシップによって、インターリーグ（交流戦）の導入などさまざまな改革を行い、2014年の総収入は約90億ドル（約1兆600億円）を超えました。選手にとっても、観客にとっても、メジャーリーグは最高の舞台であり続けています。

だから、世界中の野球選手たちが、さまざまな障害を乗り越え、ここを目指してくるのです。MLBと日本のプロ野球（NPB＝日本野球機構）では、歴史も経済環境も違うので、乱暴に比べることはできませんが、いいものは積極的に取り入れるべきだと私は考えています（ドラフト制度もFA制度も以前から導入されていますが、日本流にアレンジされました）。

組織のつくり方や選手の育成方法に関して、見習うべきところがたくさんあります。本書では、メジャーリーグを経験した私なりの意見を書かせていただきました。

私たちのすぐ近くにも、参考になるプロのリーグがあります。日本プロサッカーリーグ＝Jリーグです。

川淵三郎チェアマン（当時）がリーダーシップをとり、独自の理念を掲げて日本各地にプロチームを発足させました。プロ野球に比べれば経済規模は小さいのですが、理念にふさわしい組織づくりができているように私には見えます（もちろん、課題はたくさんありますが）。

そのJリーグが下支えとなって、サッカー日本代表は5回連続でワールドカップ出場を果たしていますし、世界の強豪リーグのトップチームに日本人選手を次々と送り込んでいます。

Jリーグには「百年構想」があり、それを目指して活動しています。ひとつのサッカークラブがJ1に上がるためには、百年構想クラブの承認を受けてライセンスを給付され、各カテゴリーを勝ち上がって、スタジアムや経営状態などの審査を受けなければなりません。ひとつひとつのステップが明確になっています。

後発であるJリーグはプロ野球を反面教師としている部分があるので、野球側からすれば反発もあるかもしれませんが、それでも「いいものはいい」。だから、有効な仕組みやアイデアは柔軟に取り入れてほしいと思います。

実際に、パ・リーグの球団の観客動員が伸び、人々に愛されるようになったのは、Jリーグと同様に「地域密着」を推進しているからではないでしょうか。プロ野球とサッカーのチームが存在する都市では、特にいい刺激が生まれているように思います。

私はこれからも、元プロ野球選手として、野球に育てられた人間として、日本のプロ野球に少しでも貢献できることを考え、発信していきます。

最後に、野球とはまったく関係ない会社で働いている読者の方へのメッセージで本書を締めたいと思います。

第6章の「勝てるチームのつくり方　日本代表編」で、「代表チームへの思い」＝「組織に対する思い」について述べました。

これはおそらく、みなさんが勤めている会社についても言えることでしょう。入社するにあたって、あなたは自分でそこを選んだはずです。しかし入社してみると、組織として欠けている部分が目に入り、ついつい、不平不満が口に出てしまうこともあるでしょう。それが、「愛のある意見」なのか「ただの愚痴」なのか、それをしっかり確かめてください。

もし愚痴しか出ないようなら、そこはあなたが働く場所ではありません。毎日毎日、つまらない仕事を嫌々やるぐらいなら、すぐに辞めたほうがいい。「腐ったみかん」がいたら、会社がダメになってしまいます。

「ここで働くことが楽しい」「毎日が充実している」と言える人が集まっている組織はき

っとどこにも負けないはずです。

人事とは難しいもので、不運な人は一時的につまらない思いをするかもしれませんが、あなたの働きはきっと誰かが見ています。「組織への貢献」を第一に考えていれば、手を差し伸べてくれる人が現れるでしょう。

「つまらない」と思っている仕事でも、取り組み方次第ではおもしろくなるかもしれません。そうできるかどうかは、あなた次第です。

私は、組織のなかに2割くらい、「この会社が好き」「この仕事が楽しい」と思える人がいれば十分だと考えています。残りの8割は「与えられたことをやる」だけでいいと。コアになる人材がしっかりしていれば、チームはうまく回ると思います。

優秀とされる組織の全員が全員、意欲に満ちあふれ、組織愛を持っているかというと、そうではないと思います。

チームをつくる側からすれば、コアの2割はおそらく育てる必要がない。どう気持ちよく働かせるかを考えればいいのです。そのまわりにいる人をどう育成するかが大きな課題なのです。

私は長く、「数字がすべて」というプロの世界にいました。しかし、過去の数字は必ずしもいまの実力を表すものではありません。

鳴り物入りでチームに入ってきて、たいした成績を残せず消えていった新人も移籍選手もＦＡ選手もたくさん見てきました。

新しい場所に立ったら、もう昔のことは通用しません。過去の実績は何の役にも立たないのです。

いまの能力に何かを加えて、しっかりとした実力をつけてください。

チームに貢献できる人だけが、そこで生き残ることができるのですから。

小宮山　悟